日本人と神

佐藤弘夫

講談社現代新書

2616

目次

序章　鳥居のある寺、死者を祀る社

川倉地蔵堂

津軽《つがる》の金木《かなぎ》にある川倉地蔵堂《かわくらじぞうどう》は、下北《しもきた》半島の恐山《おそれざん》と並ぶ北東北の二大霊場である。もはやその姿をみることはできないが、かつて例大祭の折にはイタコとよばれる女性の霊媒師たちが集い、その口を借りて遠い冥界《めいかい》からのメッセージを聞くことのできる場所だった。

地蔵堂は人造湖である芦野《あしの》湖を見下ろすなだらかな丘の上に位置している。入り口に立つ山門は木製の鳥居である（写真序－1）。明神鳥居《みょうじんとりい》の上に合掌形《がっしょうがた》をした三角形の木組みを載せた、「山王《さんのう》鳥居」とよばれるタイプのものである。上部正面に掲げられた扁額《へんがく》には、「川倉山《せんそうざん》」という山号が記されている。その左右の側柱に沿ってこぢんまりとしたお堂が設けられ、一対の仁王像が鎮座している。

境内の中心を占めるのは、参道を入った正面に位置する地蔵堂である。立派な唐破風《からはふ》のついた堂に入ると、五体の地蔵尊を従えた等身大の地蔵菩薩立像《じぞうぼさつりつぞう》がいる。その背後の堂内には、死者を慰めるために奉納され続けてきた、二〇〇〇体を超える石の地蔵尊が安置されている。いずれも衣服を身にまとい、顔には供養される故人に似せた化粧が施されている。

壁には遺影が飾られ、広大な堂内のここかしこに衣服、ネクタイ、ランドセル、靴などの大量の遺品が吊り下げられ、積み置かれている。水子《みずこ》を供養するために納められた、ひと群れの色鮮やかな風車がある。

川倉地蔵堂の境内には、もう一つ、人形堂とよばれる建物がある。こちらも入り口を守護しているのは二体の地蔵菩薩である。奥に足を踏み入れると思いの外に広い空間がある。通路に沿って両側に設えられた四段の棚には、ガラスケースに納められた花嫁人形が延々と連なっている。その多くは、結婚しないまま若くして亡くなった男性を供養する目的で奉納されたものである。それに混じって、未婚の女性を慰霊するための花婿人形もみえる。

序－1　川倉地蔵堂

川倉地蔵堂の境内に満ちているのは濃厚な死の臭いである。いたるところに時空の裂け目があり、そこから彼岸《ひがん》が顔を覗かせている。外に広がる光に満ちた津軽の山河と、異次元世界に繋がるこの非日常的な空間を仕切っているのは、一対の仁王によって守護される山王鳥居だった。なぜ、鳥居なのであろうか。

教科書風の説明をすれば、これは「神仏習合《しんぶつしゅうごう》」の名残りということになる。日本列島では、明治維新期に神仏分離令が発令されるまで、仏と神とはきわめて近い関係にあった。仏像がご神体として祀《まつ》られることは決して珍しい現象ではなく、神が仏の化身だと広く信じられていた時代があった。そもそも神と仏が別なものとは考えられていなかった。鳥居が寺の山門の役割を果たすのは、そうした過去の経緯を引きずったものだったのである……。

しかし、今日では常識となっていることの説明に、わたしは強い違和感を覚える。改めて、川倉地蔵堂に目を向けてみよう。鳥居を抜けたなかにあるものは、果たして仏の支配する空間なのだろうか。「仏教的」という言葉で総括できるような世界なのだろうか。

確かに、そこには仏教の諸尊の一つに数えられる地蔵がいる。けれども、境内に展開する水子地蔵や花嫁人形を用いた死者供養の儀礼が、イタコによる口寄せが、「仏教」の範疇に収まり切れるものとは思えない。もちろん「神道」でもない。川倉地蔵堂の信仰世界を、あらゆる宗教現象を神・仏の二要素に還元する「神仏習合」というツールで読み解いていくことは不可能なのである。

白狐山光星寺

山形県の庄内《しょうない》地方では毎年お盆過ぎの時期に、「モリ供養」とよばれるこの地域固有の先祖供養の儀式が行われている。

　庄内平野の東の山際に位置する白狐山光星寺《びゃっこさんこうしょうじ》は、モリ供養の舞台として知られている寺院である（写真序－2）。庄内地方のもう一つのモリ供養の聖地である三森山《みつもりやま》とは、鶴岡《つるおか》の市街地を挟んで対峙《たいじ》する位置にある。西のモリと呼ばれる三森山に対し、白狐山は東のモリといわれている。

序－2　白狐山光星寺

　毎年、八月二一日から二四日にかけて、一年の間に亡くなった新仏の歯骨を携えて人々は光星寺を訪れる。納骨以外でも、近親者の供養を目的としてこの地を訪れる人は多い。
　モリ供養の舞台は寺の裏手の高台にある光明堂《こうみょうどう》である。この堂からは水田の広がる庄内平野を一望することができる。普段は人影のない山上のお堂も、この日は開け放たれて香が焚《た》かれ、世話役の檀家の人々が来訪者に対応している。持ち込まれた遺骨は光明堂で供養された後、背後にある納骨堂に納められる。
　こうした風習が行われる背景には、死者の霊魂が村近くの里山に籠《こ》もるという、古来この地方に伝わる伝承があるといわれる。死者の宿る里山はハヤマ（端山）とよばれ、モリの山とよばれた。庄内平野では死者の霊はしばらくハヤマに留まって浄化された後、より清浄な高みを目指して奥山《おくやま》である月山《がっさん》に向けて旅立つのである。モリ供養はハヤマに住む祖霊を慰め、月山への出立を後押しするための儀式だった。

光星寺は白狐の寺としても有名である。境内の檀信徒会館の二階には白狐殿があり、ご神体の白い狐が祀られている。参道入り口の両脇には狛犬《こまいぬ》を思わせる一対の白狐が鎮座しており、そこを過ぎると赤い鳥居がある。釈迦如来《しゃかにょらい》を本尊とする本堂はその鳥居を抜けた先にある。

本堂の脇から鳥居をくぐって裏手の丘に登ると、そこにも堂舎が点在している。水子の霊を供養するお堂には、人形やおもちゃ、靴など、亡くなった子供たちの身の回りの品が納められている。稲荷《いなり》神社の前には、奉納されたたくさんの朱色の鳥居が蛇腹のように連なっている。それらの施設を抜けたもっとも奥まった地が、至高の聖地とされる白狐沢である。注連縄《しめなわ》が張られた先は、住職しか立ち入りを許されない白狐顕現のスポットであるという。

そこからは、山上に向かってさらに急な山道が続いている。登り口には姥様《うばさま》の石像がいて、坂に沿って白狐に乗った観音像が並んでいる。白狐観音というこの寺独自の尊像である。観音様に見守られながら坂道を登り詰めれば、先に触れた光明堂のあるモリ供養と納骨の地である。

川倉地蔵堂と同じく、光星寺もその境内は鳥居によって外部と隔てられている。光星寺みずからが、「神仏習合」の寺であることをうたっている。寺内に白狐を祀る神仏習合の寺だから鳥居があるという解釈は、今日、参拝者にさほど違和感なく受け入れられているようにみえる。

だが、よく考えてみると、この説明についても違和感は残る。この寺は立派な本堂をもつ曹洞宗《そうとうしゅう》の寺院である。内部に稲荷神社がある。確かに仏教の要素と神道的な要素を二つながら抱えている。

それでは、死者が山に留まるという太古以来の信仰に基づくというモリ供養は、仏教、神道どちらの領域に属するのだろうか。水子供養はどうだろうか。檀信徒会館に祀られている白狐は、果たして神なのだろうか。

これらの事象を既存の神道と仏教の教理で説明することはきわめて困難である。オーソドックスな学問的解釈を拒否する世界が、そこにはある。光星寺の境内には、神―仏という分析概念を用いたとたんにそこから抜け落ちてしまうような、混沌とした宗教的空間が広がっているのである。

羽黒山

白狐山のある三ヶ沢《みかざわ》の集落から山沿いにしばらく南下すると、山伏と修験《しゅげん》で有名な羽黒《はぐろ》山《さん》に行き当たる。標高四一四メートルの羽黒山は、月山（一九八四メートル）の前山＝ハヤマである。月山はその秀麗な姿を庄内平野のどこからでも望むことができる。両山を結ぶ尾根筋の登山道は、修験のルートにもなっている。

鶴岡から東に向かって羽黒街道をたどると、道をまたいで立てられている赤い大鳥居が迎えてくれる。鳥居を抜けた先にある山麓の手向《とうげ》の集落に入れば、先達のいる古くからの坊舎が立ち並び、冠木門《かぶきもん》のある家々の玄関には注連縄が張られている。

羽黒山は今日の区分に従えば神の山である。手向の家並みが途切れると石の鳥居と随神《ずいしん》門《もん》が現れ、そこから先は神の領域となる。山内のいたるところにみえる鳥居も注連縄も、なんら違和感を感じさせることはない。

他方で、羽黒山は随所に強い仏教色を残している。山上にある博物館には、かつてこの地域で祀られていた多数の仏像が収蔵されている。麓から山頂に向かう二四四六段に及ぶ参道の途中には、室町時代の五重塔がある。近辺には修験の寺である荒沢寺《こうたくじ》や正善院《しょうぜんいん》黄金《こがね》堂《どう》があり、山に向かう路傍には石の尊像も見受けられる。明治維新期の神仏分離によって神道の側に移籍することになったが、羽黒山は江戸時代には天台宗《てんだいしゅう》に属する寺院だった。

現在、神社としての羽黒山の中核をなす施設は、山上にある三神合祭殿である。これは「出羽三山」といわれる月山、湯殿山《ゆどのさん》、羽黒山の神々を一ヵ所に祀った社殿である。この巨大な建造物を取り巻く山上一帯が羽黒山のもっとも聖なる領域であり、手向からここに至るまで、何重もの門や鳥居によって厳重に結界《けっかい》されている。

三神殿に向かって右手には、参詣者のための参集殿がある。その脇から参道が伸びており、先に進むと霊祭殿に突き当たる。鮮やかに彩色されているが、奥まった場所にある目立たない建物である。気がつかないで通り過ぎる参拝者も多い。ここはかつて仏立堂《ぶつりゅうどう》、地蔵堂と呼ばれていた。案内板によれば、羽黒山はモリの山であり、霊祭殿はこの山に鎮まる先祖の霊を供養するための施設であるという。

だが、建物周辺の雰囲気は、神域のそれとしては著しく異様である。霊祭殿に至る道沿いにはおびただしい数の風車が林立している。霊祭殿の隣のスペースには小堂に入った水子地蔵尊があり、それを取り巻くように、古めいた多数の地蔵、五輪塔、石碑の類が並んでいる。白い浄衣や故人の遺品と思われる衣服を着せ掛けられている石造物もある。

水子地蔵と正対する傾斜地には、死者を供養する無数の板塔婆《いたとうば》が立てられている（写真序－3）。亡くなった親族の名を記したと思しきものが中心だが、「四足二足動物一同の霊」「仙台空襲の犠牲者の霊」などヴァリエーションは多彩である。

霊祭殿が立地するのは、幾重にもわたって目に見えないバリアが張り巡らされた結界の内部であり、山内でも至高の聖域である。そこでは山に鎮まる祖先の霊の供養が行われるという。

しかし、実際に目にする光景は、死の臭いを完全に消し去って穏やかに微笑む「ご先祖さま」の姿ではない。生前の怨念や欲望をすべて昇華し終えて「神」となった霊魂でもない。いまだに現世に対する未練を抱き続けている死者と、夭折者《ようせっしゃ》たちへの思いを断ち切れないままでいる生者の思念が交差し渦巻く、肌の粟立《あわだ》つ空間なのである。

序－3　羽黒山の板塔婆

聖なるものへ

わたしたちはいま、東北にある三つの霊場をたどった。そのうち川倉地蔵堂と光星寺は、宗教的なジャンルとしては「仏教」「寺院」に区分される。それに対し、羽黒山が入るのは「神道」「神社」の範疇である。これは今日、大方の日本人が受け入れている常識的な理解である。

これらの施設は、寺院と神社という違いはあっても、いずれも神の領域を示すシンボルである鳥居によって聖別されていた。これは一般的には「神仏習合」という日本固有の現象として説明される。神と仏を同一視する伝統的な認識を背景として、仏教的施設が神道のそれと同じレベルで把握されている、という解釈である。

だが、すでに指摘したように、一応は寺院のジャンルに分類される川倉地蔵堂と光星寺も、その実態を詳しくみていけば、そこに展開している死者供養の光景はとうてい「仏教」「寺院」という範疇に収まりきるものではなかった。逆に神社とみなされている羽黒山は、その核心部分に神が最も忌み嫌うはずの濃厚な死の世界を抱え込んでいるのである。

川倉地蔵堂も光星寺も羽黒山も、その内部に死者の居場所をもっている。それが聖域としての不可欠の要素をなしている。その死者の世界を核として、神道とも仏教とも容易に区分しがたく、名状しがたい空間が立ち上がっている。そして、いずれの施設についても、領域が鳥居によって聖別されているのである。

これらの宗教施設の聖性の根源に切り込むための方法として、神仏習合という視座がまったく無力であるのは明らかである。それぞれの場所にある宗教的な諸要素を神道的なものと仏教的なものに腑分《ふわ》けしていっても、どちらにも収まりきれないものがあまりにも多い。「神仏習合」といった途端に、指の隙間から乾いた砂がこぼれ落ちていくように、聖性の核心をなすもっとも大事なものが抜け落ちてしまう。

わたしは、この列島の宗教世界を「神」の領域と「仏」の領域に二分して、その中央に太い区分線を引き、両者の関係性において日本の宗教史を語ろうとする方法そのものが、近代的思考のバイアスのかかったものと考えている。歴史を遡《さかのぼ》っていったとき、神―仏という区分自体が成り立たない時代があった。わたしたちはしばしば神仏習合という言葉を用いることによって何事か得心したような気分になるが、実は問題はなに一つ明らかになっていないのである。

いま求められているのは、日本列島に実在する神とも仏とも取れないものを、既存の概念や方法を用いて安易に分類したり説明したりすることではない。「死者が集まるモリの山」といった俗説に、安易に寄りかかることでもない。鳥居のなかに籠められている「聖なるもの」＝「カミ」（以下、日本の「神」と区別するために、「聖なるもの」の意味で使用するときは「カミ」と表記する）の正体を、どこまでも実態に即して追究し、解明していくための新たな方法と独自の視座の構築なのである。

宗教研究の新たな視座を求めて

人類が日本列島に住み始めてからの数万年の歴史のなかで、人々がイメージしてきた「聖なるもの」の内実が一貫して同じであったとは考えがたい。この列島に住み着いた人々は、なにをきっかけにして人間を超える聖なるもの＝カミを発見したのであろうか。その聖なる存在の内実は、時代によってどのように変化していったのであろうか。

そこから、どのようなプロセスを経て「神社」と「神道」が誕生したのだろうか。列島のカミの世界に仏教やキリスト教などの外来宗教が入り込んできたときに、両者の間でどのような化学反応が生じたのであろうか。原初の聖なるものが、いかなる変貌の果てに、いまわたしたちが目にする川倉地蔵尊や光星寺や羽黒山の信仰世界へと至りついたのであろうか。

日本の思想や宗教についていえば、いまだに縄文文化の絶えることのない継承を論じるような基層文化論が盛んである。日本人の精神性の根底に、時代を経ても変わることのない「アニミズム」や「祖霊信仰」を見出そうとする立場もあいかわらず大きな影響力をもっている。

本書が採用する聖なるものの発見と変貌という問題意識からの考察は、「神仏習合」だけに留まらず、日本列島の宗教現象を説明する際にしばしば用いられてきたこれらの視座や概念の有効性を、改めて問い直すものとなるはずである。それは同時に、「土着の」「固有の」という形容で語られてきた日本の神についても、その常識を根底から揺さぶるものとなるにちがいない。

本書は、これまで古今東西の数多くの研究者が挑戦してきた「神の発見」「聖性の覚《かく》醒《せい》」という人文学の究極のテーマに対する、わたしなりのささやかな思索の足跡でもある。日本列島には太古の昔から今日に至るまで、カミに関わる途切れることのない大量の資料が残されている。宗教を研究しようとする者にとって最良のフィールドの一つである。わたしはいま秋の実りを期待しながら、おぼつかない技量ではあっても、この沃野《よくや》に自分の手で鍬《くわ》を打ち込みたいと思っている。

「神」「仏」「神仏習合」などの既存のキーワードを必須のアイテムとして用いることなく、各時代の聖なるものに直接アプローチすることを試みる本書は、神道、仏教、キリスト教といった個々の信仰世界の存在を前提として、その集合体として記述される既存の宗教史の叙述方法を革新しようとする、新たな精神史の試みでもある。

日本列島における聖なるものの発見というテーマを追究しようとするとき、避けて通れないものが日本の神をどう位置づけるかという問題である。神道こそは、外来の宗教の影響を受ける前から存在した日本固有の信仰の形であるという言説に疑問を抱く人は、ほとんどいないにちがいない。神信仰が有史以前の古態を留めているとすれば、それは日本列島における聖性の覚醒という問題とどのように関わってくるのであろうか。

わたしたちはこの課題を考えるにあたって、日本最古の神祭りの形式を残すとされる三《み》輪《わ》山《やま》を訪れるところから思索の旅の第一歩を踏み出すことにしよう。

第一章　聖性の覚醒――有史以前

人類が初めて人間を超える存在（カミ）を感知したのは、人知の及ばない自然現象に対してだったと推測される。それは、やがて土偶などの像として具体的な形を与えられて、人々に共有されるに至る。しかし、超越者観念の抽象化の進展と冥界の拡大に伴ってカミはいったん姿を消し、祭りのたびに祭場に迎えられる不可視なるものへと変化を遂げた。

1　神奈備と神体山信仰

三輪山に登る

奈良県の三輪山麓にある大神神社《おおみわじんじゃ》は、自他共に認める、日本最古の神信仰の形態を残す神社である。三輪山を神体とする大神神社では、その公式ウェブサイトに、「ご祭神の大《おお》物主大神《ものぬしのおおかみ》がお山に鎮まるために、古来本殿は設けずに拝殿の奥にある三ツ鳥居を通し三輪山を拝するという原初の神祀りの様を伝える我が国最古の神社です」（二〇二一年一月一日現在）という記述がある。神社内に神のいるべき社殿を設けることなく、直接神の山を遥拝《ようはい》する形が神祭りの「原初の」形態だとされているのである。

聖なる山である三輪山は、信仰を目的とした登山が許されている。登り口は、拝殿から山裾を左に回り込んだ狭井《さい》神社の境内にある（写真1－1）。お祓《はら》いを受け、鳥居を抜けて神域に第一歩を印せば、そこから先は常緑広葉樹に杉やヒノキの巨木の混じる森を歩く、快適な登りとなる。一時間ほど歩を進めると、黒い巨石が重なり合った山頂の磐座《いわくら》に到着する。

1－1　三輪山の登り口

三輪山は円錐型の形状をもった美しい山である。秀麗な姿をした山は神奈備《かんなび》とよばれて、古来信仰の対象となってきた。三輪山も山を拝む形態をとっている。山が神聖視される理由として、山に神が宿ることに加えて、山自体が聖なる存在（神体山）とみなされていたことが挙げられる。

三輪山以外にも、日本では山そのものを礼拝する神社は多い。滋賀県の赤神山《あかがみやま》ではその案内板に、「赤神山自体がご神体であるという神体山信仰」にもとづいて「遥拝」が行われている、と記されている。新潟県の弥彦《やひこ》も山をご神体として山麓から拝む形式をとっている。山が聖なる存在であり、それを遠方から礼拝する形式が「神道」祭祀の最古層をなすという言説は、今日の日本で広く流通し、国民的レベルで受け容れられているのである。

山を拝まなかった古代人

社殿をもつことなく、麓から山を礼拝する形式を取る今日の多くの神社は、一様にそれを古風な流儀と解釈している。その背景にあるのは、神道は自然崇拝に源を発するという認識である。大神神社のウェブサイトにも、「(三輪)山は松・杉・檜《ひのき》などの大樹に覆われて、一木一草《いちぼくいっそう》に至るまで神宿るものとして尊ばれています」という言葉がある。

しかし、わたしは山麓から山を遥拝するという形態や一木一草に神が宿るという発想は、室町時代以降に一般化するものであり、神観念としても祭祀の作法としても比較的新しいあり方であると考えている。

それでは、より古い神祭りの形はどのようなものだったのだろうか。三輪山については、有史以前の祭祀遺跡をめぐる考古学的研究の蓄積がある［大平二〇〇七］。発掘調査の成果によれば、山麓に点在する祭礼の痕跡は四世紀に遡るという。遅くとも弥生時代後期には、三輪山が神聖視されるようになっていた。

祭祀遺跡は二〇ヵ所以上が確認されている。山中の磐座にも祭祀の形跡が残されているが、多くは山を仰ぎ見る場所に設定されている。規模の大きい建物の跡は見つかっていないことから、祭りのときだけ使用される臨時の施設であったと考えられる。三輪山をめぐる信仰は当初から山を神聖視し、神の居場所である社殿をもたないものだったのである。

だが、その事実がとりもなおさず、三輪山信仰の原初的形態が山を遥拝する形であったことを意味するものではない。もっとも関心を惹くのは、恒常的な祭祀の場所が定められていなかった点である。山そのものを崇拝の対象とするのであれば、いまの拝殿の地のように最適な地点を祭祀の場と定めて、そこで定期的な祭りを行えば済むはずである。にもかかわらず、祭場は常に移動していた。

なぜこうした現象がみられるのであろうか。そこではいったいどのような祭祀が実施されていたのだろうか。

弥生時代の神祭り

三輪山信仰の原初的形態を探るにあたって、わたしたちはいったん三輪の地を離れ、視野を広げて、同時代の日本列島においてどのような神信仰が行われていたのかを探ってみることにしよう。

三輪山遺跡の時代は、通常の時代区分によれば弥生時代後期から古墳時代にかけての時期にあたる。信仰という面から見た弥生時代のもっとも顕著な特色は、神が姿を消すことにあった。

弥生時代の前の縄文時代には、信仰の遺物として土偶《どぐう》があった。土偶をどう位置づけるかはむずかしい問題だが、少なくともそれを、人間を超えた存在＝カミの表象と見ることに異論を唱える人はいないだろう。しかし、弥生時代に入ると縄文時代の土偶に相当する形像は消失する。聖なるものを可視的に表現した広義の神像を欠く時代が到来するのである。

神像が姿を消した弥生時代には、カミはどのようにして表現されたのだろうか。カミを直接的に描くのではなく、カミのシンボル、ないしはカミのイメージを通じて間接的に描写されるようになるのである。

弥生時代の土器や銅鐸《どうたく》などには、さまざまな絵や図柄が描かれている。そこには、いかなる形でもカミそのものを描いたと思わせる表現はみあたらない。銅鐸など、カミを祀るための道具は数多く出土するが、カミを象《かたど》ったと推測される像はほとんどない。

神像と解釈できる可能性をもつものとして木偶《もくぐう》（木製の人形）が出土しているが、その数はきわめて少なく、地域も限定的である。類似のものとして木製の棒があるが、それはカミそのものというよりは、カミを憑《よ》りつかせるための形代《かたしろ》であろう。他方で、カミを祀るシャーマン（巫女《ふじょ》）の姿が絵画のなかに頻繁に登場するようになる。また祭祀の場を想像させる高床式の建物や、カミの依代《よりしろ》を思わせる樹木などが描かれている。

カミが目にみえない存在へと転換した弥生時代は、必然的にカミと人々の間を取り持つシャーマンの役割が重視されることになった。三世紀の日本列島を描写した「魏志倭人伝《ぎしわじんでん》」には、卑弥呼《ひみこ》という邪馬台国《やまたいこく》の女王の様子が描かれている。卑弥呼は絶大な権力を保持したが、その力の源泉は、「鬼道《きどう》に仕え、よく衆を惑わす」と記されたように、カミと直接交感できるそのシャーマン的能力にあった。

こうした不可視のカミの観念の成熟を前提として、弥生時代から古墳時代にかけては、祭祀の場にカミを招いてその意思を聞き、終了後に帰っていただくという方式が典型的な神祭りの形態となるのである。

招かれるカミ

ここで改めて三輪山の信仰遺跡に目を向けてみよう。そこでは山を仰ぐことのできる場所に祭祀遺跡が点在している。固定したスポットから山を拝むのではなく、山がみえる所にそのつど祭場を設け、山からカミを呼び寄せていたことがわかる。祭祀の場所はカミの依代となる磐座や樹木のある地が選ばれた。祭りの場に集まった人々は、シャーマンを通じてカミの声を聞いた。

古墳時代以前の社会においては、カミは決して遠くから拝礼する対象ではなかった。互いの声が届く範囲にカミを勧請《かんじょう》して人がその託宣《たくせん》を聞き、またカミに語りかけるスタイルこそが神祭りの古態であり、弥生時代から古墳時代にかけての基本的な祭祀形態だったのである。

玄界灘《げんかいなだ》に浮かぶ福岡県の沖《おき》ノ島《しま》は、太古の時代の祭祀跡を留める貴重な場として二〇一七年に世界遺産に登録された。多数の祭祀関係遺物を残しているため、「海の正倉院《しょうそういん》」とよばれている。沖ノ島は朝鮮半島や大陸に渡るための海のルート上に位置しており、上陸した人々によってカミが祀られた。

沖ノ島には四世紀後半に遡る、三輪山とほぼ同時期の祭祀遺跡が残されている。ここでも神が常住する社殿が設けられることはなかった。祭祀の場は巨岩の上から岩陰へ、岩を離れて平地へと移動するが、祭場にそのつど神を招き寄せて祈りを捧げるという形式が変化することはなかった［弓場二〇〇五］。

自然の山そのものをカミとして崇拝するという信仰は、この時代には存在しなかった。『古事記《こじき》』『日本書紀《にほんしょき》』『風土記《ふどき》』などの現存する最古の文献類を繙《ひもと》いても、山を清浄な地とする記述はあるが、それを聖なる祭祀の対象とみなす記述は皆無である。

『常陸国風土記《ひたちのくに》』の記事である。昔、親神《おやがみ》が富士山を訪れたとき日暮れになったため、一夜の宿を乞うたが、新嘗祭《にいなめさい》の潔斎《けっさい》の日だからという理由で断られた。怒った親神は、富士の山を年中氷に閉ざされた不毛の地に変えた。それに対し、筑波《つくば》の神は同じく潔斎の日でありながらも、家に招き入れて手厚くもてなした。これが原因で今日に至るまで、筑波の山は人々が群れ集って歌舞に興じる、遊興の場となっているのである……。

ふるさとから仰ぎ見ることのできる端正な形状をした山々は、古来神の棲《す》む地と考えられてきた。都 良香《みやこのよしか》の『富士山記』には、貞観一七（八七五）年一一月の祭日に、快晴の空を背景に、白衣の美女二人が富士山の頂で並び舞う姿が目撃されたことが記されている。

山は神の棲む場所であっても、神ではなかった。太古の人々が山を聖なるものとみなして礼拝したという事実はない。山を遥拝する現在の三輪山信仰は、決して神祭りの最古の形態ではなかった。わたしたちは神信仰の始原に関わる常識や俗説をいったん投げ捨てて、改めて史料に即してこの問題を考えていく必要がある。

2　神の表象

カミの源流を求めて

この列島において、人間を超えた聖なる存在＝カミはどのようにして立ち上がり、いかなる変身を遂げてきたのだろうか。日本列島で生み出された最古のカミのイメージとはいったいどのようなものだったのだろうか。そのカミに対して、いかなる儀礼が執り行われていたのだろうか。

「アニミズム」の概念を提唱したタイラーによれば、人類が生み出した宗教の最も原基的形態は、自然の森羅万象のなかに精霊の働きを見出すもの＝アニミズムだった［タイラー一九六二］。日本の神を論じる場合でも、先に引用した「（三輪山では）一木一草に至るまで神宿る」という言葉に知られるように、神の本質がモノに憑依《ひょうい》する精霊であるという理解は、ほとんど常識化している。日本の神をアニミズムの系譜として把握しようとする視座である。

神は定まった姿形をもたないゆえに、祭祀を受ける際にはなんらかの依代に付着することが不可欠だった。柳田國男《やなぎたくにお》は山から麓へと去来する神に祖霊の影を見出し［柳田一九九〇]、折口信夫《おりくちしのぶ》は季節の変わり目に異界から来訪する神を「まれびと」と命名した[折口二〇〇三]。柳田國男や折口信夫によれば、日本の神の古態は一定の地に常住することなく、折々に出現しては祭祀を受ける来訪神だった。それが終わればまた本来の居場所に帰還すると考えられていたのである。

他方、近年の認知科学者の説くところによれば、カミの存在を感知する心的な能力はいまから六万年ほど前に、この地球上に登場した現生人類(ホモ・サピエンス・サピエンス)の脳内で起こった認知構造の革命的な変化に由来するものだったという。ビッグ・バンとよばれるこの変革を経て、ヒトはカミを認識する能力を初めて獲得した。以後の人間社会の複雑きわまりない展開も、そのすべての端緒はこの事件にあったとされる[ミズン一九九八]。

こうした見方を前提として、基礎的な認知能力の展開という視点から遺跡や遺物の背景にある当時の人々の心の働きを読み取ろうとする一方、そこから翻《ひるがえ》ってヒトの認知構造の特性を明らかにしようとすることが、認知考古学の基本的な立場なのである。

認知考古学者は、この方法を積極的に日本列島というフィールドに導入していった。たとえば、石器は本来実用品として作られているにもかかわらず、しばしば実際の用途を超えた装飾=「凝《こ》り」がみられる。後期旧石器時代の後半に作られた神子柴《みこしば》型とよばれる大形の石槍のなかには、左右対称に薄く形の整えられたものがみられるが、壊れやすくて実用には不向きだった［松木二〇〇七］。ここでは美しくバランスのとれた石器を作ること自体が目的となっている。

「凝り」は認知考古学でカミの誕生を測る指標とされていたものだった。後期旧石器時代に、一部の石器が単なる道具―モノを超えた存在として捉えられていた様子がうかがわれるのである。

聖なる存在の発見

先ほどわたしは、日本の神の原型を「タマ」などとよばれる不可視の「精霊」に求める見方が、今日ほとんど常識化していると述べた。しかし、わたしは来訪する神霊を神の原像とみなす通説には疑問がある。日本の神を「アニミズム」という範疇で捉えることにも強い違和感を覚える。

神道の源流を自然崇拝のアニミズムに見出す根拠として、しばしば天孫降臨にあたっての葦原中国《あしはらのなかつくに》の様子を描写する『日本書紀』の言葉が引用される。そこでは、ニニギノミコト（瓊々杵尊）が赴《おもむ》こうとしている下界の葦原中国には、多くの「蛍火《ほたるび》のかがやく神」「蠅声《さばえ》なす邪しき神」がいて、「草木ことごとくによくものいう」と記述されている（神代下)。
だがこの表現は、人間と自然との親和的で「対称的」な（兄弟のような）関係を述べたものにすぎない［中沢二〇〇二］。草木国土が、そのまま崇敬の対象としての神であることを強調する言葉ではない。弥生時代や古墳時代の祭祀遺跡を調査しても、当時の人々が個々の草や木を、アニマをもつカミとして崇敬したという証拠は見出せない。

わたしは、人類における始原のカミは抽象化された不可視のアニマとしてではなく、個別具体的な事象に即して把握されていたと考えている。霊魂などという抽象的な概念が登場する以前に、眼前の現象がそのままカミとみなされていた段階があったのである。

人類が最初に超越的存在を感じ取ったのは、何に対してだろうか。その一つは、人に畏《い》怖《ふ》の念を抱かせる自然現象だった。激しい雷鳴や稲光、すべてを渦に巻き込んで空中に持ち上げ、破壊していく竜巻などは、そのメカニズムを理解している現代人にとってさえ、カミの仕業にしかみえない驚異の現象である。

夕方になれば太陽が没して闇が支配するが、夜明けが来ればまた光に満ちた世界となる。毎日起こる太陽と月の正確な交代も、実に不思議なことだった。原初の人類は、こうした自然の出来事の一つ一つに、人知を超えた力を見出していたのではなかろうか。

人類がカミの働きを見出したもう一つの対象は、人間のもちえないパワーを有する動物たちだった。世界各地の神話に、しばしばカミとして登場する動物が熊である。鷲《わし》やコンドルなどの猛禽《もうきん》も、カミあるいはカミの化身と考えられていた。鳥葬《ちょうそう》が行われるチベットでは、鳥は死者の魂を大空へと運ぶ聖なる存在だった。縄文土器には蛇が描かれている。強力な毒と驚異的な生命力を備え、直接幼蛇を出産するという特殊な生態をもつマムシに対する畏怖の念が、それを特別視する背景にあったと推定されている。

萌《も》え出ずるアシの若芽は、それぞれの芽に満ち溢れる生命力そのものがカミだった。思わず畏敬の念を引き起こす巨木や奇岩も、それ自体が聖なる存在として把握されていた。独自の景観をもつスポットが聖なる場所とされ祭祀の場となることは、古今東西でみられる現象である。

カミは最初、カミと認識されたこれら個々の現象、個々の動物、個々のスポットと不可分の存在だった。わたしたちが目にする雷の背後に、それを引き起こす抽象化されたカミがいるのではない。生起するそのつどの雷がカミだった。雷鳴と稲光そのものが人知を超えた驚異だった。俵屋宗達《たわらやそうたつ》の絵に有名な「風神雷神図」があるが、雷雨をもたらすカミがイメージを与えられ、人格化されて図像に描かれるようになるのは、はるか後世のことだった。

同様に、熊や鷲の場合も、なにものかがそれに憑依することによって初めてカミとなるのではなかった。一頭一頭の熊がそのままカミだった。江戸時代の国学者本居宣長《もとおりのりなが》の言葉を借りれば、「尋常《よのつね》ならずすぐれたる徳《こと》のありて、可畏《かしこ》き物」（『古事記伝』巻三）＝無条件に畏敬の念を起こさせる対象そのものがカミの始原だったのである。

先に言及した、後期旧石器時代の神子柴型の石槍にみられる過剰な「凝り」が出現するのも、この段階のカミ認識における出来事と推定される。人はカミの実在を認識し、その本質を再現できる能力を徐々に身につけ始めていたのである。

これらの最初期のカミに対しては、人はひたすら畏敬の念を心中に抱くだけで、ある定まった形式でもって崇敬するという行為が行われることはなかった。祭祀が開始されるには、無数にあってそのイメージが拡散していたカミを、集団が共有できる実体としていったん同定する必要があった。超越的存在が、目に見える形をとって表現されなければならなかったのである。

同定されるカミ

それが開始されるのは、この列島でいえば「縄文時代」とよばれる、いまから一万五〇〇〇年ほど前のことだった。縄文時代を特色づけるものに、人を象った土器である土偶がある。これは、当時の人々が抱いていたカミのイメージを象徴的に表現したものと考えられる。

大量に出土する土偶が実際にどのように使用されたのかは、諸説があって定かではない。しかし、それがなんらかの聖性を象徴するものであることは疑問の余地がない。土偶がしばしば解体された形で出土することなどから、それを用いた祭祀儀礼が行われていた様子についても論じられている。当時の人々が大自然のなかに見出した驚異を可視化したものが、この土偶だったのである。

わたしは土偶が聖性の表象ではあっても、それを超える高次のカミは想定されていなかったと考えている。個々の土偶がそのままカミであり、崇敬の対象だった。その背後に、土偶の霊力を支えるアニマやマナなどの不可視のパワーが認められることはなかった。

縄文時代には墓地も作られていた。縄文人の間で、亡くなった人物が墓地に留まっているという感覚が共有されていたことはまちがいない。太陽や月や星が織りなす壮大なドラマに対する驚異の念も、人々の心の中には存在したであろう。実際に、現代人がそうするように、太陽に向かって祈りを捧げる人物もいたかもしれない。

だが、縄文時代の中期までの段階では、それが集団によって共有され、定式化した祭祀儀礼として定着することはなかった。「先祖」といった目に見えない存在に対するイメージが固まり、太陽や月などの手の届かない事物に対する定期的な祭祀が行われるようになるのは、もう少し後のことだった。集団的な祭祀は親族関係を核とするグループによって、より小さく、より身近なカミから始まった。日本列島では、それが土偶だったのである。

ドイツで発見されたライオンマンと呼ばれる、上半身がライオンの姿をしたたいへん有名な彫像がある。制作は、三万年から四万年前のことと推定されている。このライオンマンもまた、土偶と同じく当時の人々が認識していた聖性の表象であろう。現実には存在しないものの姿を表現した像や絵画が、このころ各地で作られるようになる。石器時代のある段階から、カミが四肢を備えた存在として表現されてくるのである。

これは聖なるものが可視的に表示され、そのイメージが共同体の構成員によって共有されていく現象を示している。カミが同定され、崇拝の儀礼が形を整えていく。宗教の発生である。

3　姿を消すカミ

目に見えないものをみる

個々の事象や現象に超人的なパワーを見出す原初的なカミ観念は、やがて次のレベルに

1－2　ハート形土偶

移行する。具体的なモノをそのままカミとみなす段階から、土偶にみられるようなカミのイメージの集約化を経て、その背後に「チ」「ミ」「タマ」などとよばれた、霊異を引き起こす不可視の存在としてのカミを想定する段階への転換である。

日本列島ではこの転換は、いまから四五〇〇年ほど前の縄文時代の後期から徐々に進行したと考えられる。縄文土器を代表する土偶は本来、人間を象って作られたものである。草創期のものは、人体あるいはその一部を表現したきわめて素朴な作品だった。

それが縄文後期になるとミミズク土偶やハート形土偶など、人間離れした外観をもった作品が出現する（写真1－2）。実在しないものが制作され、想像のなかで生み出された存在が独自の外観を与えられていく。これは、超越的存在＝カミに対するイメージが膨張するとともに、それが個別具体的なモノから分離していく現象を示すものと考えられる［松本二〇〇五］。カミの抽象化が進行するのである。

縄文後期は環状列石《かんじょうれっせき》などの形態を取った墓地が集落から分離することによって、地理的にも空間的にも自立した死者の世界のイメージが立ち上がってくる時代だった。縄文後期の代表的な遺跡に、秋田県鹿角《かづの》市の大湯《おおゆ》環状列石がある。その造営にあたっては、夏至《げし》の日の出と日没の方角が考慮されていたことが指摘されている［秋元二〇〇五］。大湯環状列石では死者の埋葬が確認されている（写真1－3）。

集落の人々は夏至の日にこの地に集って、そこに眠る先祖を偲《しの》ぶなんらかの行事を行っていたと推定されている。それを裏づけるかのように、環状列石はたんなる遺骸の埋葬地という以上の、過剰な造り込みがなされている。そこに死者が留まっていると認識されていたのである。

縄文時代には、数世帯から最大五〇〇人ほどの人々が共同生活を送っていたことが知られている。その集落の代表的な形態は、広場をなかに挟んで、それを取り囲むように円形に住居が立ち並ぶというものだった。縄文時代の中期までは、死者はしばしば集落の中央の広場に葬られた。幼くして亡くなった子供は、住居の内部に埋葬されるケースもあった。

1－3　大湯環状列石

岩手県紫波《しわ》町にある西田遺跡は縄文時代中期の遺跡である。中央の広場に作られた土壙《どこう》墓《ぼ》（穴を掘った墓）一九二基の外側に掘立柱《ほったてばしら》の建物群が並んでいる。真ん中に死者を葬る墓域をもち、それを生者の住居が取り巻くという構造が、長期にわたって縄文集落の基本形をなしていた。

死体を生活空間の内側、あるいはその周辺に引き留めておこうとする指向性の背景には、死者を比較的身近な存在とみる意識があったと推測される。また、死体と亡くなった人物の人格が一体化して把握されていた様子を読み取ることができる。当時の人々にとって、死者は動かなくなった仲間だった。深い親愛の情と若干の恐れの気持ちを伴いながら、死者を生前と同様の交流可能な空間に留めておこうとするのが、縄文中期までの葬送の基本的なコンセプトだった。

それに対し、縄文後期には死者だけの独立した空間が生まれ、それが膨張を開始する。肉体が滅びても消滅しないなにかが墓地に実在し、生前と同様に共同生活を送っていると認識されるようになるのである。そうした観念を背景として、環状列石の造営や柱を立てるなどの造作が開始され、その規模が巨大化していく。

タマと霊魂が、それぞれ偶像、遺体といった物質の拘束から解放されて理念化され、相互に交渉し、干渉しあいながら超越性を高めていった。それらの目にみえない存在によって構成されるもう一つの世界＝他界のリアリティが、人々に共有されていく時代が到来するのである。

カミの声を聞く

カミの抽象化は弥生時代に入って新たな段階を迎える。弥生時代は縄文時代の土偶のように、カミが具体的な形をもって表されることがほとんどなくなった時代だった。銅鐸や土器に、カミの依代としての木やカミを祀る建物、祭祀の主宰者としてシャーマンが描かれることはあっても、カミそのものは表現されなかった。カミはいったん人間の視界の外に出てしまうのである。

この時代、カミはおおよそあのあたりにいるという目安はあっても、どこか一ヵ所に定住することはなかった。そのため弥生時代から古墳時代にかけてのカミ祭りの形態は、カミを祭祀の場に勧請し、終了後に帰っていただくという形式が取られた。それ以前にはなかった集団的な祭祀儀礼の痕跡が、この時期になって各地でみられるようになるのである。

先に取り上げた、列島最古の神祇《じんぎ》信仰の形態を留めるといわれる三輪山祭祀遺跡はこの段階のものであった。三輪山では山麓から中腹にかけてたくさんの祭祀跡が点在しているが、カミを祀るための固定した施設や社殿は造営されなかった。カミは祭りのたびに山のよくみえる祭場に招き寄せられ、磐座・樹木などを依代として祭祀が執り行われた。

三輪山が聖なる地として崇《あが》められていたように、カミがもっとも好んだのが麗美な形状をした山だった。富士山や筑波山にもカミがいた。ただし、この段階では、山はカミの棲む場所ではあってもカミそのものではなかった。しばしば太古以来の伝統とされる山を神体として遥拝する形式は、まだ一般化していなかった。山のカミを祀る場合も遠くから拝むのではなく、山を望む祭祀場にカミを呼び寄せ、人がカミの言葉を聞き、カミに語りかけるという形が取られた。

沖ノ島でも、恒常的な祭祀の施設が設けられることはなかった。祭りにあたっては、清められたスポットにそのつどカミが呼び出された。祭祀の場は時代によって移り変わったが、カミ祭りの形式は踏襲された。人々は憑坐《よりまし》を通じてカミの声を聞き、航海の無事を神に祈った。ここでもカミはその姿を顕《あらわ》にすることはなかったのである。

祟るカミ

超常現象は目にみえないカミが引き起こすもの、という観念が共有されるようになった弥生時代以降の社会では、理解の及ばない出来事を目の当たりにした人々は、そこに託されたカミのメッセージを読み取ろうとした。とりわけ、自然災害や疫病《えきびょう》などによる深刻な事態が生起した場合、カミの意思の確認は喫緊《きっきん》の課題となった。人は災害を引き起こしたカミの意図を察知し、カミが求めるものを提供することによってその怒りを和らげ、災禍を沈静化しようとした。

八世紀初めに撰上された『古事記』中巻には、崇神《すじん》天皇の時代に疫病が流行して人民が死に絶えそうになった事件が記されている。天皇が神に祈ったところ、その夢に三輪山の神であるオオモノヌシの神（大物主神）が現れて、疫病は自分が起こした祟《たた》りであり、オオタタネコ（大田田根子）という人物に祀らせれば終息すると語った。かの人物を探し出して祀らせたところ、果たして疫病は終息した。実はオオタタネコは、オオモノヌシが麓の村の女の元に通って産ませた子の子孫だった。

こうして弥生時代以降、カミの意思を知るための祭祀が、小は村落共同体から大は国家に至るまで、社会の秩序を維持する上で最重要の行事として位置づけられることになった。祭祀にあたってはカミを迎える場が設けられ、依代にカミが勧請された。降臨したカミは、祭りの主宰者であるシャーマンの口を借りてその意思を人々に伝えた。その言葉が、以後の共同体のあり方を決定する重要な要素となるのである。

共同体の共通の記憶として人々の脳裏に留められたカミの言葉は、しだいに整序化された形で特定の語り部によって伝承されていくことになった。その過程で、かのオオモノヌシとオオタタネコをめぐる伝説のように、託宣を下すカミそのものについての情報が付加され、物語としての体系化と洗練化が推し進められた。

カミの人格化と個性化が進み、各集団の守護神あるいは祖先神としてのカミが特定されるようになると、遠い過去におけるカミの仕業として、世界や文化の起源が語られるようになった。神話の誕生である。

4　差別する神、支配する神

穢れを嫌うカミ

人類による超越的存在の発見は、大自然の驚異に対する素朴な驚きと恐れから始まった。やがてそれが形象化されてカミとして同定された。このようなプロセスをとって発見されたカミは、やがてそのイメージが膨らんで独自の意思をもち始める。人々の生活を規定し、命令を下して人間を支配するようになる。

なぜこのような事態が生じたのであろうか。この問題を考えるためには、原初レベルにおいて、カミがどのような機能を果たしていたかをみておく必要があるだろう。

先にも述べたように、日本の神は秀麗な山を好んだ。その理由は、山が清浄なる地だったことによる。以下に紹介するのは、『常陸国風土記』（久慈《くじ》郡）に収録された賀毘礼《かびれ》の神にまつわる伝承である。

かつて村の松の木の股に、天から降った神がいた。この神は厳しい祟り神で、人が神の方角に向かって大小便をしたりすれば、激しい災いが降りかかった。困り果てた村人が神に対して、「いま、こんなところにおいでになれば、百姓が近くに家を構えて、朝夕に『穢臭《けがらわ》しい』事態が生じてしまいます。（中略）どうかこの地を避けて移動して、『高き山の浄き境』にお鎮まりください」と懇願したところ、神はその願いを受け入れて賀毘礼の高峰に移り住んだ。

神が神としてその機能を正常に発揮するためには、大小便など人間の日常生活に伴う汚染が及ばないような清潔な環境が確保されている必要があった。アマテラスの弟のスサノオは、大嘗祭《だいじょうさい》の神殿に大便を撒き散らし、神の衣装を織る機織《はたお》り場に剝《は》いだばかりの馬の皮を投げ込んだ（『古事記』上巻）。これは神に対する最大限の冒瀆《ぼうとく》だった。そのため、アマテラスはその姿を岩屋に隠し、スサノオは厳しい懲罰を受けて追放されるのである。

生活の穢《けが》れが及ばない地という点からいえば、人の立ち入らない山にまさる場所はなかった。神が賀毘礼の山に登ったのは、そのためだったのである。

山と神との結びつきに関して、もう一つ史料をあげよう。『延喜式《えんぎしき》』には「崇神遷却《すいじんせんきゃく》」（崇り神を移しやる）という祝詞《のりと》が収められている。この祝詞は、天皇の身体近くにいて崇りなす神を、見晴らしよい「山川の清地」に遷《うつ》して、その崇りを鎮めることを目的としている。ここに登場する「崇神」とは、「皇御孫《すめみま》の尊《みこと》の天の御舎《みあらか》の内に坐《ま》す皇神《すめらみかみ》」という言い換えの表現から知られるように、宮中に棲む由緒正しき祖先神にほかならない［斎藤一九八九］。

ここでは皇祖神が天皇の身体に崇りをもたらしている。醜悪な外観と邪悪な意図をもつ崇り神がいるのではない。崇りはすべての神がもつその本質的な属性であり、自身の置かれた現状に対する不満の表明だった。なんらかの不浄に触れて崇りをなすに至った神は、本来のパワーを蘇らせるべく、すみやかに清らかな地に移動させる必要があったが、そこが「山川の清地」だった。郊外の山川が、世俗社会としての宮中との対比において清浄な地と認識されているのである。

『日本書紀』履中《りちゅう》天皇紀では、天皇が淡路《あわじ》島に狩りをしたとき、島にいるイザナキの神が従者の刺青《いれずみ》の傷を嫌い、「血の臭きに堪《た》えず」という託宣を下している。神は排泄物や血といった人間の世俗生活に伴う穢れから、徹底して遠ざけられる必要があった。山は日常生活の場の対極に位置するこの世でもっとも清らかな地であり、汚染に触れて不全に陥った機能を回復させるために、神を送り遣るべき代表的な所と考えられていたのである。

定住革命

神が生活に伴う汚染を徹底して嫌うということは、逆にいえば、共同体における神の重要な機能が、その集団内での清浄性の確保にあったことを意味している。集落内部に神が祀られることによって、その神の名によって集落全体の清浄性の実現が求められるようになったのである。

大小便や血、唾《つば》や嘔吐物《おうとぶつ》、死骸などに対する嫌悪感＝「穢れ」の意識は、人が普遍的にもつ感覚である。犬・猫などのペットや野生動物の場合も、居住環境の悪化を避けるために、排泄物は生活の場から周到に遠ざけられている。動物は居住地内における汚染の蓄積が、みずからの生存を脅かす事態を引き起こすことを本能的に察知していた。

人類は誕生以来、移動生活を行ってきた。人々が遊動を続ける限り、排泄物などが引き起こす環境汚染が大きな問題になることはなかった。だが、数万年前から、日本列島についていえば縄文時代に入って、人々が定住を開始するようになると、汚染が深刻な問題として浮上してきた［西田二〇〇七］。集落が形成され、集団の規模が拡大するとこの問題は一層重大化した。排泄物や死骸を無秩序に放置すれば、景色や臭気などの面で環境の悪化をもたらし、ひいては疫病の蔓延などの危機的な事態が生じることになるからである。

大小便や血など人間が本能的に忌避《きひ》する対象に対しては、神もまた同じように嫌悪感を抱いた。黄泉《よみ》の国を訪問したイザナキが逃げ出した理由は、死の穢れという抽象的な観念による忌避ではない。イザナミの腐乱した死骸のある「穢き国《きたなきくに》」を目にしたからである（『古事記』上巻）。スサノオが鼻・口・尻から取り出した食べ物を奉ったオオゲツヒメを殺害したのは、それを「穢汚《わいお》」と感じたからだった（同）。

穢れと清浄に関する神と人間の感性は完全に一致している。生活に伴う穢れを人と同じレベルで嫌うという神の性質から、日本列島においてカミが浮上してくるひとつの背景には、定住に伴って浮上する生活環境の汚染問題にどう対応するかという課題があったことが推定されるのである。

人は清浄性を尊ぶカミを想定し、定期的な心身と居住地浄化の儀式＝祭りを開催することによって、日常生活から生じる汚染に対応し、ひいては集団の秩序を維持するためのシステムを作り上げようとした。カミは、生存環境を快適に保つための警報装置としての役割を与えられていたのである。

しかし、それはやがて予想もしない事態を惹きおこすことになった。不浄とは日々の生活に必然的に伴うものだったが、清浄なる環境を求めるカミと関係づけられることによって、単なる物理的な汚染以上の意味が付与された。排泄物や血や死骸に対し、生理的な嫌悪感を抱かせるモノを超えた、より抽象的・精神的な位置づけを与えるための道が開かれたのである。それは一転して、不浄を退け共同体の安寧を実現する機能をもつカミの役割を、さらに拡大させていく原因となった。

国家祭祀の確立

清浄なる環境の確保が、神本来の威力を発揮するためのもっとも重要な要件であった。そのためそれが実現されない場合、神はしばしば不満のメッセージを関係者に示した。

神亀六（七二九）年二月一三日、天皇は突然体調不良を覚えた。これを祟りと推定した神祇官と陰陽《おんみょうりょう》寮が卜占を行って原因を探ったところ、果たして「巽《たつみ》方の太神」が「死穢不浄の咎《とが》」によって引き起こした祟りであるという結果を得た。直ちに巽（東南）方向の太神に該当する伊勢神宮に命令が下されて、境内の探索が行われ、死骸＝「死穢不浄」の除去がなされている（『太神宮諸雑事記《だいじんぐうしょぞうじき》』）。

天皇の最重要の使命は、カミがその機能を十全に発揮できるように、徹底して周辺環境の清浄性を確保することにあった。それを実現できない場合は、天皇といえどもカミの祟りを避けることはできなかった。

承和八（八四一）年の太政官符《だいじょうかんぷ》（太政官の下す命令書）は、「春日神山」において狩猟や伐採が横行して「斎場の触穢《しょくえ》」に及んでいることを指摘する。その上で、このままでは神が祟りをなして「国家に及ぶ」恐れがあるゆえに、厳しく「禁制」するよう命じている（『類聚《るいじゅ》三代格《さんだいきゃく》』巻一）。穢れの放置は、天皇を頂点とする国家システムそのものの危機をもたらすと考えられていたのである。

次章で論じるように、七世紀末の天武《てんむ》・持統《じとう》朝から、天皇自身が神であることが強調されるようになる。その結果、当然のことながら天皇もまた穢れを忌避すべき存在と位置づけられてくる。にもかかわらず、天皇に与えられた最重要の使命はみずからの身体の聖別ではなく、国家守護の神々が清浄な状態でいることができるように、その環境を整えることだった。

これまで、古代における穢れ排除のシステムの中心に位置するもっとも清浄な存在は天皇であると考えられていた。平安時代を例にとれば、京都の宮中にいる天皇を中心として、内から外に向けて、聖から俗に至る同心円のイメージが提示されてきた。しかし、真っ先に穢れから遠ざけられるべきものは、天皇ではなく伝統的な神々だった。天皇は、神々を取り巻く清浄な環境をきちんと確保すべき責任を負っていた。それがなされていない場合、祟りは天皇の身体に及ぶのである。

近年、三橋正や片岡耕平が論じているように、平安時代に完成をみる、京都を中心として張り巡らされた幾重にもわたる穢れ侵入防止のシステムという概念は、根本的に見直される必要がある［三橋一九八九、片岡二〇一三］。

奈良時代になると、祟りの可能性のあるケースはすべてリストアップされ、その発生にあたっては、すぐさま関係官司が祟る神とその原因を突き止めるマニュアルが完備された。正体不明の祟り神が突然出現するといった危険な事態を回避するシステムが、周到に構築されていった。律令国家の支配層は、祟りへの対処方法を国家の管理のもとに置くことによって神を制御し、支配秩序維持の機能をもたせようとしたのである。

多くの場合、はじめに汚染があるのではない。まず神の祟りがあり、それが汚染感知のアラームの役割を果たして、穢れが神に及んでいることが察知されるのである。ひとたびこの警報が発令された場合、どの神にどのような穢れの侵犯が及んでいるかが直ちに判定され、対応がなされるシステムが出来上がっていた。

進化する穢れ除去システム

国家は不浄→祟り→秩序回復のシステムを独占しただけではない。神の機能不全を引き起こす不浄＝「穢れ」の内容を詳細に規定し、それが神に及ぼす影響をあらかじめ最小限に押しとどめようとした。

いまわたしたちが確認できる最初の国家レベルでの〈ケガレ〉概念の集成が、『西宮《さいきゅう》記《き》』巻七「定穢事《じょうえのこと》」の触穢に関する規定である。そこでは、『弘仁式』（九世紀）からの引用として、「穢に触れて忌むべき」日数が、死は三〇日、産は七日、六畜の死は五日、産は三日、肉食・弔喪・問疾は三日というように、事細かに規定されている。

〈穢れ〉はもともと日々の生活に伴う副産物であり、本能的に嫌悪感を抱かせるものだった。それが神と関係づけられることによって、神の忌避する〈ケガレ〉として過剰な意味が付与される道が開かれた。穢れの内容に物理的な意味での汚染を超えて、共同体の秩序を乱すさまざまな行為が加えられていくのである。

「六月晦《つごもり》の大祓《おおはらえ》」の祝詞には、「天津《あまつ》罪《つみ》」と「国津《くにつ》罪《つみ》」が列挙されている。そこには「屎戸《くそへ》」（汚物を撒き散らす行為）といった人間が本能として嫌う穢れ、本来的な意味での生命の危機を連想させる穢れに加えて、もともと汚染とはまったく関わりのない「畔放《あはなち》」（田のあぜを破壊する罪）や近親相姦・獣姦などが、一括《くく》りにされて登場している。

カミが嫌うものと規定されることによって、日常生活に伴う汚染と共同体に違背する行為が、ともにカミの保持する秩序に対する反逆＝〈ケガレ〉と位置づけられた。それは本来穢れよりも罪の範疇で捉えられるべき「畔放」「溝埋《みぞうめ》」など反共同体的な行為を、穢れと同等の意味を有するものとして〈ケガレ〉の範疇に繰り込む結果となった。そのため、罪と穢れはしばしば等質のものとして把握されることになり、その除去にはいずれもカミの許しが不可欠の前提となるのである。

こうして日常の生活において生じる生理的な嫌悪の対象としての個別具体的な〈穢れ〉から、神の機能を妨げ国家と社会に危機をもたらす特定の〈ケガレ〉が分出し、その意味が極度に抽象化され肥大化していった。神仏による国家護持制度の体系化に伴って、神の機能を維持するための穢れの認知と除去のシステムが進化していく。

こうしたプロセスを経て、〈ケガレ〉の概念は多様化し、それに対処するための宗教儀礼も複雑なものとなっていった。カミの存在感もまた、どこまでも肥大化した。本来は生存のための道具であったはずのカミが、人間の言動を規定し、人を支配する時代が到来するのである。

文化人類学ではメアリ・ダグラス以降、社会秩序の中心をなす象徴概念として、「不浄」「穢れ」との対比において「清浄」が想定されている［ダグラス二〇〇九］。そこでいう

「穢れ」とは、秩序に対する脅威などとして理解されている。だが、これらはいずれも人類固有の原初的な観念などではなく、超越的存在と結びついた〈ケガレ〉の意識が生まれた後に発生する歴史的な概念であるとわたしは考えている。

カミが人間の思惑を超えてどこまでも清浄性を追求し始めたとき、カミの嫌う個別具体的なモノとしての〈穢れ〉もまた、本来の意味を超えて一人歩きを開始する。抽象化・概念化された〈ケガレ〉として、逆に人間の意識と行動を縛るようになるのである。

日本でその運動が本格的に開始されたのは、穢れの定義が『弘仁式』などの法律書に明記されるようになる九世紀のことだった。支配層に始まるこの動きはしだいに下の階層にも影響を及ぼすようになった。物忌《ものい》み、方違《かたたが》えなどカミにまつわるタブーが急速に発展し、人々の日常生活を規制するようになる。明確な行為規範を示して人を支配するカミが、徐々にその輪郭を顕にしてくるのである。

第二章　定住する神々——始原から古代へ

都城を抱えもつ古代国家が形を整えると、天皇と国家の守護を委任された神は、寺院にいる仏と同様に、特定の地に留まって常時監視の目を光らせることを求められた。古代において神・仏といったジャンルを超えて超越者に求められたものは強力な霊験《れいげん》であり、山中修行者が目指した到達点も神の清浄性に接近することでえられる験力《げんりき》の獲得だった。

1　カミに祀られる人々

高みに上る墓

弥生時代から奈良時代に至るまで、カミは常態として可視的な姿をもつことはなかったが、そのイメージはしだいに変化した。なかでも重要なものは、人格化の進展である。人がカミを思い浮かべるときに、人間の姿として明確な像を結ぶようになってくるのである。

『古事記』(中巻)には、三輪山の大物主神が麓に住む娘、イクタマヨリビメを娶《めと》って子を儲けた話が収められている。イクタマヨリビメは夜毎に来訪する男の正体を明らかにすべく、帰り際に、男の衣に麻糸を通した針を刺しておいた。夜が明けてからその糸をたどると、三輪山中の聖なる場所で途切れていたため、神であることがわかったというエピソードである。大物主神は比類ないほどの優れた容姿をしていると描写されており、その行動パターンもまさに人間そのものだった。

『日本書紀』(巻五)にもこれに似た話が収録されている。娘の要請に応じて正体を現した三輪の神は、はじめ小蛇の姿をしていた。だが娘の驚いた声に反応して、すぐに人に変身している。神は必要とあらば、いつでも肉体を備えた人間の姿を取ることができたのである。

もちろん、縄文時代の土偶が、いかにデフォルメされていてもその背景に人間のイメージがあったように、カミが人の姿の投影として把握されることは、時代と地域を超えた現象だった。しかし、自然界の驚異の象徴的表現を追求して、その結果として四肢を備えた神像が生まれた縄文時代とは異なり、記紀神話のカミの多くは明らかに最初に人間のイメージがあった。こうした形でのカミの形象化の背後には、カミのモデルとなった人物が実在した可能性さえ想定されるのである。

カミの人格化の主要な原因として考えられるのは、死者がカミとして祀られるという現象の定着だった。人が死後カミに祀られるためには、縄文時代のように単に死者が冥界で共同生活を送っているというイメージだけでは不十分だった。その事績が共同体の構成員全体に記憶され、語り継がれるような傑出した人物が出現する必要があった。そうした動きが始まるのは日本列島が紀元一世紀に入ったころ、時代区分でいえば弥生時代後期のことだった。

その時期になると、小国家の成長にともなって、吉備《きび》・出雲《いずも》・近畿など西日本の各地で独自の形状を具えた大型の墳丘墓が出現する。首長の墓が集団墓地から分離して巨大化するとともに、墳墓が造営される場所も、平地を離れて山上や山腹など垂直方向に高みを指向するようになる。墓が山に上り始めるのである［北條二〇〇九］。

オリンポス山やヒマラヤ山脈がそうであるように、平地から見上げる高い地点が聖なる場所として認識される現象は世界各地にみられる。神の居場所として想定された高天原《たかまがはら》も天上だった。墓が巨大化するだけでなく、山に上るという現象の背後には、そこに葬られた人物を、一般人と次元を異にする特別の存在に祭り上げようとする指向性を読み取ることができる。埋葬された首長を、死後も特別の存在として遇しようとする動きが生じるのである。

前方後円墳に祀られたもの

特定の人物を超人的な存在（カミ）と捉えるヒトガミ信仰に次の画期が訪れるのは、三世紀のことだった。その象徴が前方後円墳である。

神の山である三輪山を眺望する場所に築かれた、日本最初の本格的な前方後円墳が箸墓《はしはか》である。麓に立つと、全長二八〇メートルに及ぶそのスケールに圧倒される。考古学的な知見によれば、この古墳の造営は三世紀中葉に遡るという。まさに三輪山祭祀が始まろうとする時期である。近年では、邪馬台国の女王、卑弥呼の墓の有力候補として脚光を浴びている。

『日本書紀』はこの墓について、「日中は人が作り、夜は神が作った」と記している。また、墓の造営にあたっては奈良盆地を挟んで対峙する大坂山《おおさかやま》（二上山《ふたかみやま》近辺の山）の石を用いたが、山から墓まで人が列を作って手渡しで石を運んだ、と述べている。

箸墓に始まる前方後円墳は、遺体を後円部の墳頂に設けられた縦穴に封じ込める形態を取っている。しかし、この巨大な構造物が、単なる死体の容器として築造されたとは考えがたい。完成した段階で祭祀が行われたことも、発掘調査によって確認されている。その際問題になるのは、箸墓だけのケースに留まらず、どの前方後円墳でもそこで行われる祭祀が長く継続して実施された痕跡が見当たらない、という考古学者の指摘である［和田二〇一九］。

現在、いわゆる天皇陵を中心とする多くの前方後円墳では、墳丘を礼拝するための施設が設けられている。通常は前方部の手前に鳥居が立てられ、その鳥居越しに遺体のある後円部の墳頂を遥拝するようになっている。箸墓の場合も、鳥居の設置場所は前方部の前面である。鳥居の手前には神社の拝殿にあたる小さな建物が設置されており、そこから北に向かって墳丘を拝む形式を取るのである(写真2－1)。

2－1　現在の箸墓

いうまでもないことだが、これは箸墓造立時にまで遡る祭祀の古態ではない。鳥居も拝殿も近代になって作られた施設である。これらは、本来のカミ祭りが遠方からの拝礼であるという誤った先入観にもとづいて設置されたものだった。神体山としての三輪山を遥拝するという、今日の三輪山信仰とまったく同じ形態である。

すでに述べたように、弥生時代から古墳時代にかけてのカミ祭りは遠くからカミを拝む形ではなく、祭りの場にカミを呼び寄せ、シャーマンを通じてその声を聴くという形式だった。そうであるとすれば古墳祭祀も、いまわたしたちがイメージするものとはまったく違う形態を取っていたはずである。

それでは祭祀はどこで、どのようになされたのだろうか。三輪山での祭祀が山体を望む麓で行われていたことを考えれば、墳丘のみえるスポットに頂上に棲むと信じられていた首長霊を勧請し、シャーマンを介してその声を聴くという形式が取られていたはずである。

祭祀の痕跡を探索すべき場は、いまその施設が設けられている前方部の正面ではない。カミの棲む山としての後円部を仰ぎ見ることのできる地点であり、山にいるカミを呼び寄せることのできる場所なのである。

カミに祀られる首長

三世紀の畿内に始まる巨大な前方後円墳造立の動きは、ほどなくして遠く東北の地に及んだ。仙台《せんだい》市若林《わかばやし》区にある遠見塚《とおみづか》古墳は、墳丘の長さが一一〇メートルに及ぶ古墳時代中期の前方後円墳である。東北地方の古墳としては、名取《なとり》市にある雷神山《らいじんやま》古墳に次ぐ第二位の規模を持つ。被葬者は仙台平野を支配した首長で、その造営は四世紀末から五世紀はじめごろと推定されている。

発掘調査の結果、後円部を取り巻く各所から祭祀に使われたと思われる多数の土師器《はじき》や石製品が出土している［史跡遠見塚古墳一九七九］。検出された土器の様態と固定した祭祀施設を欠く状況から、古墳時代の典型的なカミ祭りの跡と考えられる。創建以後、墳丘の周辺で長期にわたって祭祀が継続した様子をうかがうことができる。古墳時代のカミ祭りは、山がみえる場所に臨時の祭祀の場を設け、そこにカミを勧請して行われた。古墳祭祀の場合も、墳丘を望む地点で、そのつど首長霊を招き寄せて実施されたと推定される。遠見塚古墳の祭祀遺跡はまさにそうしたスポットだった。

中期以降の前方後円墳では、周濠《しゅうごう》（古墳を取り囲む堀）内に、しばしば墳丘と連結した形で「造り出し部」「出島状遺構」とよばれる四角いテラス状の施設が設けられている。造り出し部出現に先行して、大和地方では墳丘の裾に方形の区画（プレ造り出し）を設けて祭祀を行っていた例も報告されている。

そこには人物や動物を象った埴輪《はにわ》の群像が置かれた。だが巫女や臣下の姿はあっても、被葬者そのものを想像させる像が造立されることはなかった。代わって、もっぱらその中心に据えられたのは、祭祀の折に被葬者の霊の依代となったと推測される家形埴輪や柱だった。後円部に鎮まる首長霊＝カミがここに招き寄せられ、祀られたと考えられる。

纒向石塚《まきむくいしづか》古墳では、前方部と後円部の間のくびれた部分から、祭祀に用いられたと思われる白木の柱が見つかっている［石野二〇〇八］。これも神を憑依させるための依代だったと推測される。

第一章で指摘したように、太古の時代において、山はカミの棲む聖地として認識されていた。生者であれ死者であれ、普通の人間が山に上ることは許されなかった。それはカミとなった者、カミに近づくことのできる者だけに認められた特権だった。

こうした理解を前提として、改めて前方後円墳を取り上げてみよう。巨大な墳丘に向き合ったときに、なにを感じるだろうか。おそらく多くの人が直感的に抱くのは「これは山だ」という印象ではなかろうか。

創建当初、前方後円墳はいまのように草木が繁茂していることはなかった。墳丘を覆う葺石《ふきいし》に太陽光が反射して光り輝く、わたしたちの想像とはかなり異なったイメージを与えるものだった。にもかかわらず、高々とした墳丘の盛り上がりが、人々に山としての印象を植えつけたことは否定できない。

前方後円墳はカミの棲む場所として人工の山を造り、そこにカミとなった首長の霊魂を定着させようとする壮大な試みだったとわたしは推測する［佐藤二〇〇九］。三世紀から六世紀にかけて日本列島に建設された膨大な数の前方後円墳は、その動きが各地の首長層によって肯定的に受容されたことを示す現象だったのである。

古墳に祀られるカミは目にすることのできない存在だったが、実在した人物であったがゆえに、そのイメージは生々しい人の姿として想起されることになった。それはヒトガミ以外のカミにも投影された。列島各地に広がった古墳祭祀を通じてのヒトガミの発生は、「チ」「ミ」などとよばれた自然神に由来する不可視のカミについても、その人格神化を後押ししていくことになった。記紀神話に登場する、人間のような身体と感情を持って生き生きと活動する神々の姿は、この潮流の先に生まれてくるものだったのである。

アキツミカミの創出

壬申の乱（六七二年）を経て天武天皇が即位すると、ヒトガミは新たな段階に到達した。白村江《はくそんこう》の戦い（六六三年）で唐・新羅連合軍に敗北していたヤマト王権は、かの国々に対抗すべく、強力な統一国家の樹立を目指した。そのためには国家の中心となる、権力と権威を兼ね備えた強いリーダーが不可欠だった。この目的を果たすために王権が試みた方策は、天皇を国家の唯一の代表者にまで引き上げ、その地位を絶対化することだった。

天皇は神の子孫として列島開闢《かいびゃく》以来の神々の系譜に位置づけられるとともに、天皇自身も神（アキツミカミ）であることが強調された。六九七年に即位した文武天皇の「即位宣《そくいせん》命《みょう》」（即位にあたって下される命令書）には、「現御神《あきつみかみ》と大八嶋国《おおやしまぐに》知らしめす天皇」（『続日本紀』巻一）という言葉がみえる。即位にあたってみずから「神」であると宣言することが、これ以降の歴代天皇によって継承され、天皇＝現御神というイメージが人々の間に刷り込まれていく。「天皇」という独自の名称の創出自体が、そうした意図と深く関わっていた。天皇を神に変身させる舞台装置として大嘗祭が創設されたのも、天武・持統朝のことと考えられている。それを理念的に支えるために、アマテラスから神武天皇を経て連綿として継承された一系の天皇の系譜がつくりあげられ、『古事記』と『日本書紀』に記載された。

神代から現天皇まで切れ目なく続く神の系譜という途方もない主張を正当化するためには、それを裏づけるための具体的な根拠が必要だった。そこで当時の支配層は、都の周辺に点在する見栄えのよい巨大古墳を選び出しては、実際の埋葬者とは無関係に歴代の天皇の陵に仮託していった。こうして七世紀末には、国家的な政策として、古墳時代に造営された墳墓が代々の天皇の墓になぞらえられていく［今尾二〇〇八］。他方で、天皇陵の指名から漏れた古墳は、それが都城の造営の障害になる場合は容赦なく除去されてしまうのである。

ひとたび天皇陵と認定された古墳は、国家によって任命される守衛（陵戸《りょうこ》）が置かれ、朝夕に食事の奉仕が行われるとともに、定期的な祭祀（常幣《じょうへい》）の対象となった。これらのシステムは、祀られ奉仕される天皇霊が、古墳に常駐していることを示すためのものであった。また、新たに制定された令では、天皇陵に対する「山陵」という名称が定められ、その造営担当部署として「山作司《さんさくし》」の役割が明確化された。その背後にも、天皇陵を「山」として認識させようとする意図が透けて見える。

これらはカミが山に棲むという当時の社会通念を背景に、カミとしての天皇霊の居住地＝山を人為的に作り出そうとする仕掛けとして読み解くことが可能であり、前方後円墳以来のヒトガミ創出の伝統を引き継ぐものだった。

山陵は鳴動を繰り返し、穢れの排除を求めて祟りを起こした。承和八（八四一）年、天候不順や天皇の体調不良といった凶事が相次いだ。その原因を祟りとみた政権は、山科《やましな》（天智《てんじ》天皇）・柏原《かしわばら》（桓武《かんむ》天皇）・神功《じんぐう》皇后の各「山陵」にそれぞれ使者を派遣している（『続日本後紀』巻一〇）。祟りが疑われたとき、まず考えられたのは天皇陵の祟りだった。

鳴動と祟りは同時代の神のもつ特徴的な機能である。天皇霊の祟りはしばしば怨霊の系譜として論じられるが、それは明らかにまちがっている。祟りは、問題を放置すれば国家により巨大な災いが及ぶことを知らせる神の警鐘だった。

特定の祖霊の神―カミへの上昇は、やがて天皇家の枠を超えて有力貴族にも及んだ。多武峰《とうのみね》山頂に作られた藤原鎌足《ふじわらのかまたり》の墳墓は、山陵と同様しばしば鳴動した。それは天皇や氏族・社会全体に振りかかる危機を警告する役割を果たすものだった［黒田二〇〇七］。カミとなった鎌足は国家全体の守護神として、迫り来る災厄に対する警報を発する使命を身に帯びたのである。

巨大古墳時代の終焉

都から望むことのできる墳丘の連なりは、いまや太古の時代から途切れることなく継承されてきた天皇の聖性と天皇家の永続性を示す象徴的な存在となった。同時に、カミとなった歴代の天皇たちが周囲から現体制に向ける擁護《ようご》の眼差しを、人々に実感させる役割を果たした。山としての一つひとつの古墳にカミとなった歴代の天皇が棲み、子孫と国家を守護し続けているのである。

他方で、国家は墓制に身分ごとの厳密な差別（陵墓制度）を導入して、豪族が壮大な墓を営む事を禁止するようになる［北一九九六］。それはヒトガミに上昇できる人物を天皇だけに限定しようとする方策だった。

かつて三世紀に畿内で完成した前方後円墳の形式は、おりしも首長霊の超越化を指向していた全国の諸集団にスムーズに受け入れられていった。ヤマト王権も大規模な墳墓の造立を禁止することによってではなく、前方後円墳の形式を模倣させることによって影響力を強めようとした。その結果、集団の規模と首長の権力に応じて、無数の前方後円墳のコピーが造られた。

こうした列島各地域の前方後円墳との差別化を図るためにも、ヤマト王権の墳墓はどこまでも巨大化していく必然性があった。五世紀に大阪湾岸に造営された百舌鳥《もず》古墳群がそのピークをなしていた。ヒトガミ創出のシステムを独占できなかった令制以前の大王は、他を圧倒する規模の墳墓の建設を通じてしかその権勢をみずから確認し、人々に示すこともできなかったのである。

巨大古墳の時代はやがて転換期を迎える。六世紀半ばの欽明《きんめい》・敏達《びだつ》朝を最後に、前方後円墳の造営はみられなくなる。天皇墓は東アジアにおいて一般的な形態である方墳《ほうふん》へと移行し、やがて八角墳が採用される。天皇墓の縮小が進む一方で仏教寺院の建立が本格化し、飛鳥寺《あすかでら》をはじめとする大規模な伽藍が相次いで姿を現すようになった。

巨大古墳のもつ意義に最終的な終止符を打ったのは、天武・持統以降に急速に進められた令制と神祇祭祀制度の整備だった。この改革は天皇の地位について重大な転換をもたらした。天皇は単なる世俗的な身分秩序の頂点ではなく、皇祖神以来連綿たる血のつながりをもって継承されてきた聖なる地位＝「現御神」（アキツミカミ）とされた。天皇の地位は、同時に諸仏諸神と祖先神によって守護される特権的存在と化した。天皇は常にたくさんのカミに取り巻かれ、守られているのである。

こうしてこの列島を支配する王の地位は、世俗社会を超える神々の体系の中に組み込まれ、そのなかで機能するものへと変貌を遂げた。さらに、陵墓制度などの施行によって、大規模な墳墓の造営とヒトガミ創出のシステムが天皇家に占有されてしまうのである。

ここに至って、個々の支配者が自身の権勢を確認するために巨大墳墓を建立し、それをステップとしてカミに上昇しようとする努力はもはや無用となった。王は現世で保持する権力と権威に後押しされてカミになるのではない。外部の回路を介在したシステムを通じて、カミに祭り上げられる存在と化した。こうして、富と人材を蕩尽《とうじん》した一代ごとの大きな墓の造成は意味を失った。前方後円墳造営の時代は終焉を迎えるのである。

目を世界に転ずれば、中国の皇帝陵やエジプトのピラミッドのように、王の壮大な墳墓が造営される現象は世界中でみられるものである。それはいずれも、現世の権力と権威を冥界にまで持ち込もうとする試みだった。王はこの世の威勢の延長として、死後にカミになろうとするのである。

しかし、そうした段階は例外なく終わりを告げる。その主要な原因は、強力な超越的存在を有する宗教の興隆ないしは流入、新たな神々の体系の構築などだった。カミの棲む寺院や神殿が、王宮や王墓をしのぐスケールでもって造営されるようになる。カミの権威の前に現世の権力が相対化され、カミが権力を聖別する時代が到来する。日本列島でそうした動きが加速するのは、陵墓制度が制定されるとともに仏教の国家的受容が本格化する七世紀後半のことだった。

2　山に入る人々

カミのパワーを求める行者

山がカミの棲む清浄な地とみなされていたがゆえに、一般人が安易にそこに踏み込むことはタブーと考えられていた。逆に、カミがいる山は超人的なパワーを獲得しようとする行者たちの修練の場となった。奈良時代に入ると、大陸から伝来した神仙思想や道教の影響を受けながら、山中修行者のイメージが徐々に作り上げられていった。

『日本霊異記《にほんりょういき》』（上巻二八話）に描かれた役行者《えんのぎょうじゃ》のように、空中を自在に飛翔し、鬼神を使役する修行者像が、人々の間で共有されるようになった（写真2－2）。行者のそうしたパワーの源となったものが、心身の清浄だった。「清浄」性の確保は、カミがカミとしての機能を十全に発揮するために不可欠の前提だった。人は聖地である山に入り、俗世間から遠ざかった生活を送ることによって心身の浄化を達成し、カミに匹敵する強大な威力を身に付けることができると信じられたのである。

仏教界においても、そうした清浄性重視の伝統にもとづき、山林に身を投じることによってカミに近づくことが、初期の仏教者のもっとも重要な目標となった。僧尼を対象とする法令である「僧尼令《そうにりょう》」では、静かな修行生活を願い、俗世界を離れて山中で生活することを願う者があれば、審査の上許可するよう定めている。

平安時代の初めに中国から天台智顗《てんだいちぎ》の教えをもたらし、それにもとづく新宗の樹立を目指した最澄《さいちょう》は、「宮中での出家は清浄ではない」として、それまで行われていた都での得《とく》度《ど》（出家）の儀式を批判した。それに代わって、人里離れた比叡山《ひえいざん》での得度と、それに続く一二年間の山籠もりの修行の必要性を論じた（『顕戒論《けんかいろん》』巻下）。最澄は長期間にわたる山中での厳しい修行なくして、国家に降りかかる災厄を未然に防ぐに足る能力を獲得することは不可能であると考えたのである。

2－2　役行者像
（個人蔵）

最澄とともに中国に渡った空海《くうかい》も、「山に入る楽しみ」（『性霊集《しょうりょうしゅう》』巻一）を説き、俗世から離れた山中での修行を重視した人物だった。最澄が比叡山を開いたのに対し、空海は紀伊半島の山中を渉猟《しょうりょう》して高野《こうや》の地に行き着き、そこに寺を建てた。今日の金剛峯寺《こんごうぶじ》の濫觴《らんしょう》である。空海は日光《にっこう》の男体山《なんたいさん》に登った勝道《しょうどう》を山中修行の先達《せんだつ》として尊敬し、彼がそこで「神の棲む洞窟」をみたと記している（同巻二）。

一一世紀に成立した『法華験記《ほっけげんき》』には、世間と隔絶した清浄な領域で修行にいそしむ「聖人」たちの姿が数多く描かれている。その中の一話である。

法隆寺《ほうりゅうじ》の僧である法空《ほうくう》は『法華経』を読むことを常の修行とし、後に故郷下野《しもつけ》に帰って、男体山や慈光山《じこうさん》などの山々を巡って修行を重ねた。人跡未踏の山中に「古き仙《ひじり》の霊《あや》しき洞《ほら》」をみつけ、そこを住まいとしてさらに修行に励んだ。法華の持経者守護を任務とする十羅刹女《じゅうらせつにょ》も姿を現して彼に仕えた。

あるとき、やはり山中抖擻《さんちゅうとそう》を行う良賢《りょうけん》という聖が道に迷ってこの霊窟にたどり着き、法空を慕ってしばらくそこに寄住していた。良賢は羅刹女の美貌をみて、抑えきれずに愛欲の気持ちを起こしてしまった。羅刹女は、「清浄善根の境界」に迷い込んだこの破戒無慚《はかいむざん》の男に厳しい罰を与えるよう主張したが、法空はそれを許さず、ただ人間世界に送り届けるように命じた（巻中五九話）。

ここでも俗世と対比する形で、山の「清浄」が強調されている。山中修行では常に「清浄」がキーワードとなっていた。その成就がカミへの接近と超人的なパワーの獲得を意味するという、当時の人々の共通認識を読み取ることができるのである。

情欲に負けた聖

山林修行で有名な人物に、久米寺《くめでら》の創始者である久米がいる。久米はもと吉野《よしの》の山寺である龍門寺《りゅうもんじ》にいて、同門のあずみとともに修練を重ね、空を飛ぶ仙人の法を身につけた。

ある時、久米が空中を飛行していると、吉野川の川縁で若い女が洗濯をしている姿が目に入った。女は服を濡らさないため衣の裾を捲り上げていた。その足の白さに思わず目を奪われて、久米は「心穢れて」その女の前に落下してしまった。

その後、久米はこの女と夫婦となって俗世での生活を営んでいたが、高市郡《たけちのこおり》に都を造営するにあたって、その工事に人夫として駆り出されることになった。山から切り出した用材を現場に運ぶ仕事に従事していた久米を、仲間たちが「仙人」と呼ぶのを聞いて、その転落のエピソードを面白がった役人は、きっとまだ仙人のパワーを残しているはずだからその力で材木を飛ばしてみろ、とからかった。

久米は、「いまはただの人になって、そのような霊験は思いもかけないことでございます」と述べて、いったんはその申し出を断った。しかし、「凡夫の愛欲」に負けて「女人に心を穢して」仙人の道を踏み外したとはいっても、長年お仕えしてきた本尊がきっと助けてくれるに違いないと考え、静かな道場に籠もり、「身心清浄」にして食を断ち、七日七夜祈り続けた。

八日目の朝、突然空が掻き曇り、雷雨があった。それが晴れてみれば、材木はすべて空を飛んで目的の地に到着していた。役人たちはみな大いに喜んで久米を礼拝した。天皇もこのことを聴いて、久米のために田地を寄進した。この道場が久米寺へと発展をとげるのである（『今昔物語集《こんじゃくものがたりしゅう》』巻一一）。

この話でも、久米のもつ超人的なパワーの根源は、俗世の「愛欲」と対比される「身心の清浄」だった。世俗の情欲に負けて一時それを喪失したものの、清らかな道場に籠もっての修行によって力を取り戻すことができたのである。

行者の前に現れる神

修行が進み、心身の浄化が成し遂げられた行者の前には、しばしば神仏が化現《けげん》した。最澄も比叡山中で地主神《じしゅしん》（土地の神）と出会っている（『叡山大師伝《えいざんだいしでん》』）。空海は丹生明神《にうみょうじん》とその子である高野明神の導きによって、現在の高野の地に至り着いたとされている。神仏の出現は、行者の修行の達成度を測るバロメータの役割を果たしていた。

長岡龍作は、古代仏教において「滅罪」がもつ重要性を指摘した上で、「名山・浄処」(『続日本紀』天平一七年)で行われた薬師悔過《やくしけか》をはじめとする悔過(罪を悔いる)の作法には、心身の清浄実現に対する強い期待が込められていたことを明らかにしている[長岡二〇〇六]。古代の仏教には滅罪によって即身成仏＝カミへの上昇を目指す流れがあったが、その背景にも心身の清浄性を重視する思想があった[薗田一九八一]。

病気や災害に対し、神仏のパワーこそがもっとも有効な対処法と信じられていた古代では、山林修行者のもつ験力に対する当時の民衆の大きな期待があった。奈良時代に入って死者の怨霊やモノノケが跋扈《ばっこ》するようになると、その調伏《ちょうぶく》のために験者の需要はさらに高まった。

史料に登場する怨霊の早い例として、天平一八(七四六)年の僧玄昉《げんぼう》の死について、世間が彼の宿敵だった「藤原広嗣《ひろつぐ》の霊の害」によるものと噂していたことが挙げられる(『続日本紀』天平一八年六月一八日条)。延暦四(七八五)年には、桓武天皇の同母弟である早良《さわら》親王《しんのう》が、造長岡宮使であった藤原種継《たねつぐ》の暗殺事件に連座して廃位の処分を受けた。早良親王は乙訓寺《おとくにでら》に幽閉された後、淡路国への配流の途中で憤死した。その直後から桓武天皇夫人の藤原旅子《たびこ》、皇后藤原乙牟漏《おとむろ》らの死や、疫病の流行などが相次ぎ、親王の霊の仕業と取り沙汰された。

怨霊を抑止できるパワーを身につけた山林修行者に対する需要の増大を受けて、朝廷は宝亀三（七七二）年に内供奉十禅師《ないぐぶじゅうぜんじ》の制度を設けた。従来異端者とみなされがちだった山林修行者や深山での苦行者を、天皇の護持僧として積極的に登用しようとするものだった。これは山林修行が国家の公認をえたことを意味する。

山中での修練を重視する最澄や空海の活躍は、行者のもつ験力を積極的に活用しようとする方向に舵を切った、国家の仏教政策の転換を受けての出来事だった。最澄も延暦一六（七九七）年に、天皇の身体の守護を任務とする内供奉十禅師に任ぜられているが、その目的は先述の早良親王の怨霊を鎮撫するためだったと考えられている。

そうした動向を受け、霊験の行者育成を主要な目的として、奈良時代から平安時代の前半にかけて、志賀山寺《しがさんじ》（近江）、比曽山寺《ひそさんじ》（大和）、高雄山寺《たかおさんじ》（山城）などの山寺が次々と造られていった。山寺建立の風潮は遠からずして地方に及び、東北にも国見山廃寺《くにみさんはいじ》（北上市）、堂庭《どうにわ》廃寺（仙台市）、堂平《どうへい》廃寺（丸森町）などの寺が建てられていくのである。

3　土地に居付く神

定住する神へ

人格化と並んで、奈良時代に向けて進展するカミをめぐるもう一つの動きが、特定の地への神の定着だった。神の人格化が進展するにつれて、人がある場所に住むように、神もまた定まった住居をもつべきだと考えられるようになるのである。

弥生時代から古墳時代にかけての時期は、カミがたとえ特定の山にいたとしても、そのどこにいるかは不明だった。普通の人間がカミを求めて山中に分け入っても、カミに会うことは容易には叶《かな》わなかった。そうした住所不定で、祭祀のときにだけ来訪するカミから、常の居場所を有するカミへの転換が進むのである。

本章冒頭に載せた三輪山をめぐるエピソードでは、毎夜娘のもとに訪れる男の着物の裾に付けた麻糸は、三輪山の「神の社」のところで途切れていたとされる。西宮一民が論じたように、「やしろ」は本来、建物ではなく、神を迎えるための聖域を指す言葉だった［西宮一九九〇］。実際に社殿があったかどうかは不明だが、特定のカミの居場所と目されるスポットが想定されているのである。ここには、所在不明のカミをそのつど勧請するタイプの祭祀とは異なる段階のカミ観念を見出すことができる。カミは定住の地をもつと認識されているのである。

カミの人格化と定住を決定づけたもう一つの要因が、先にも述べた七世紀後半に実施された天武・持統朝の制度改革だった。大陸の国家に対抗しうる強力な王権の確立を目指したこの時期、取られた方策は国家の中心に位置する王の求心性を高めるべく、聖なる存在の高み（現人神）にまで引き上げることだった。この目的実現のために「天皇」という称号が採用され、大嘗祭などの儀式が整備されるとともに、天照大神から当代の天皇に至る神の系譜が作り上げられた。

既存の古墳が歴代天皇の陵になぞらえられて、代々の天皇は死後も山陵に留まるものとされた。彼らは「天皇霊」となって、山上から昼夜を分かたず国家と天皇を永遠に見守り続けるのである。前方後円墳以来育まれてきた、首長がカミとなって共同体を護るという観念が、体系化・可視化されて国家的な制度として形を整えた。

神社の成立

土地への神の定着は時代の大きな流れとなった。七世紀末は神社の造営が本格化する時代だった。持統天皇による藤原京の建設以来、天皇の交代ごとに宮殿が移るという習慣が廃《すた》れ、大陸風の都城が天皇の居住地とされた。律令国家は天皇霊に加えて伝統的な神祇を国家の守護者として位置づけようとした。

しかし、山陵という住居をえていた天皇霊に対し、神の方はまだ定住の地をもたなかった。普段の所在地が不明でその意思も測りがたい従来の祟り神は、国家鎮護の役割の遂行者として適切ではなかった。そこで国家は神が常に鎮まる場所として、主要な神々について神社の造営を推進していくのである［岡田一九九二］。

社殿の造営は、その信仰形態に重大な変化をもたらした。祭祀のたびに神を勧請する形から、人間が神のもとに出向いて礼拝するという形式への転換である。山陵祭祀も麓に神を招き寄せるのではなく、神官や官使が現地に赴いて幣帛《へいはく》を手向けるという形態が取られるようになった。

人が礼拝対象の所在地へ足を運ぶ点において、これは寺院参詣と共通する形式であり、神と仏（仏像）との機能面での接近を示す現象だった。国家レベルで祀られる神の権威が高まり、その所在地＝神社が固定化・巨大化するにつれて、祀られる神と祀る人との物理的な距離も広がった。神は一方的に祭祀を受ける存在となり、公的な儀礼の場から神と人との対話が消えていく。神をめぐる禁忌が増幅され、神は人が安易に接近してはならぬものへと変貌していく。もはや神が気安く人々に語りかけることはなくなった。

神と仏との機能面での接近、および守護者としての神の存在感とリアルな眼差しの追求は、八世紀に至って神像という新たな神の表現形式を生み出した。長らく身体性を喪失していた神が、再び受肉するに至る。一見矛盾するようにみえる神にまつわるタブーの肥大化とその可視化が、平安期の社会においては並行して進行するのである〔山本二〇一四〕。

主要な神々は天皇守護の任務を帯びて、常に所定の場に留まることを要請された。また神の間で機能の分化が進み、その結果それぞれの神に個性が生じていった。それが九世紀以降、独自の相貌を具えた神像の大量発生の原因となった（写真2－3）。神像の誕生は礼拝や祈願の対象としての神が、一定の場所に常駐していることを端的に示すものだった。

2－3　男神坐像
（三重・伊奈冨神社）

いまや神との対面を求める人々は、特殊な霊能者に依頼して神を呼び寄せてもらう必要はなかった。神のいる場（神社）に足を運びさえすればよかった。神仏からの啓示も直接それを求める人物に下されるようになった（次節参照）。国家的な儀礼の場でも、人と神との仲介者としてのシャーマンが姿を消してしまうのである。

祟り神の変身

神仏などのカミが特定の住居をもち、国家や天皇の守護者を自任するようになると、その性格も大きく変容した。

太古の昔、カミは自然と一体化した存在だった。自然界の秩序の乱れや聖なる領域の侵犯がカミの怒り＝祟りという形で認識され、それが疫病などの災害を引き起こしていると考えられた。そのため、祟りの原因を除去することによってカミの怒りが鎮まったとき、災禍もおのずから沈静化すると信じられた。

祟りをもたらす存在は日本の神だけではなかった。天皇霊や仏像も祟りを起こした。祟りは古代のすべてのカミに共通する属性だった。祟りの発現は、常にカミの側から一方的になされた。人間があらかじめそれを察知することは不可能だった。カミが求めている内容も、まったく非合理で予測しようがないものだった。祟りをなしているカミの名前さえ、当初は不明だった。

前章でも触れたが、『古事記』には、崇神天皇の治世に疫病が大流行して人民が滅亡に瀕《ひん》した事件が記されている。対策に窮した天皇が神に祈ったところ、夢にオオモノヌシの神が現れて、疫病は自分の祟りであり、オオタタネコという人物に自分を祀らせれば国は鎮まると告げた。オオタタネコは後にオオモノヌシの神の子孫であることが判明するが、当初はどのカミがなんの目的で祟りを起こしたのか、まったく見当がつかなかった。いかに不可解な指示でも、人はカミの意思に無条件に従う以外に選択肢はなかったのである。

ただし、祟りがカミの側からの一方的な指示であることは変わらなくとも、その原因は非合理で不可解なものから、神域の侵犯や神木の伐採など、しだいに論理的な説明が可能であるものへと変化していった。

旧暦六月に行われる「御体御卜《おおみまのみうら》」は、天皇の身体に対する祟りの有無を判定する儀式である。そこでは祟りを起こす可能性のあるカミは、あらかじめリストに記載された由緒正しい神に限定されていた。得体の知れないカミが突如出現して訳のわからない要求を突きつけるといったタイプの祟りは、姿を消してしまうのである。

加えて、平安時代に入ってカミが視覚化されることによって、カミの自然からの分離とその人格化が進展した。衣冠束帯《いかんそくたい》に身を固めた憤怒形《ふんぬぎょう》の神像の誕生、個性的な姿をして自由にこの世界を移動して歩く疫神《えきじん》の成立は、従来のカミのイメージの大きな転換だった。神々の個性が強まり、善神と悪神の機能分化が進んだ。祟りはすべての神の属性ではなく、御霊や疫神など特定の神の役割となった。

平安時代の半ばから祟りの事例の減少に比例するかのように、カミの作用として「罰《ばち》」という言葉が用いられるようになることは注目される。一二世紀以降には、ほとんど「罰」一色に塗りつぶされてしまう。この時期から大量に作成される中世文書を代表する起請文《きしょうもん》も、勧請される神仏の機能は例外なく「罰」と表記されている。一二世紀は中世的な社会システムが完成を迎える時期だった。古代における「祟り」から中世の「罰」へ

——カミの機能の変化は、このような形で総括することができると考えられる［佐藤二〇〇六］。

中世のカミの役割に目を向けると、「賞罰」という形で、「罰」（処罰する）が「賞《しょう》」（ほめる）とセットで出現する場合が多い。カミはただ罰を下すだけの存在ではなかった。人々の行為に応じて、所定の基準に照らして厳正な賞罰の権限を行使するのである。カミが賞罰を下す基準は、カミがもとめる清浄性の遵守《じゅんしゅ》と、みずからが守護する仏法や国家に対する忠誠の有無だった。

カミは人々に忠誠を要求し、その態度に応じて賞罰を下す——カミが人間に対して、ある力を行使する点では祟りと共通しているようにみえるが、その構造はまったく異質である。カミは突然予期せぬ祟りを起こすものではない。あらかじめ人がなすべき明確な行動基準を示し、それに厳格に対応する存在と捉えられているのである。

4　天皇とカミ

カミの権威を求める王

カミが姿を消した弥生時代において、カミと人との関係の仲立ちをしたのは女性のシャーマンだった。人々の生活に及ぼすカミの圧倒的な影響を考えると、この時期の共同体の運営において、もっとも重要な役割を担っていたのは彼女たちだった。それは、土器や青銅器に描かれた同時期の絵画に、頻繁に登場するその姿からもうかがうことができる。

しかし、社会集団内において、やがて力のバランスの変化が起こる。俗権を掌握する男性の王の地位が向上し、宗教的権威を背景としたシャーマンのそれを凌ぐようになるのである。

王の台頭の背景として戦争と外交をあげることができる。弥生時代中期（西暦紀元前後）から北九州地方を先駆けとして、それまで群生し競合していた小国家の統合が進行した。その運動は一つの国家が実力でもって他の国々を併合していく過程であり、必然的に政治的な判断力と軍事的な才覚を併せ持つ男性首長の存在感を高めていくことになった。紀元五七年の奴国《なこく》をはじめとして、列島の王たちはその支配の正統性に対するお墨付きをえるべく、中国の王朝への朝貢を繰り返した。

こうしたプロセスのなかで、王を頂点とする階層構造をもった国家の形成が進んだ。その成熟を示すシンボルが弥生時代後期にみられる差別化された王墓の造営であり、三世紀に出現する巨大な前方後円墳だった。

しかし、王が国家の主導権を握るに至っても、まだ人知の及ばない自然と未分化だったカミの存在感は圧倒的だった。降りかかる災禍を防ぐためにカミの力を借りることが、国家を経営していく上で不可欠だった。三世紀になっても、卑弥呼のように「鬼道に仕える」女性が王の地位にあるケースがみられた（『三国志』「魏志倭人伝」）。男王たちはいかにして、シャーマンにカミとの交渉を全面的に委ねることなく、カミの権威を自己の権力基盤に組み込んでいくかという、むずかしい課題に直面することになったのである。

排除されるシャーマンたち

この難題に応えるべく再構築されたカミと人との関係は、霊能者を通じて発せられるカミの言葉の解釈権を王が手中に収めることであった。

かつてはシャーマンの言葉がそのままカミの言葉だった。その内容がどれほどばかげたものであっても、その託宣を受けた人々はその言葉に従う義務を負った。王も例外ではなかった。しかし、弥生時代後期から古墳時代へと時が流れ、王の地位が強化されるにしたがって、カミの言葉の真偽を判別し対応を決定する権限が俗権の側に移行した。

清家章は、四世紀の後葉に入ると有力前方後円墳に女性が埋葬されることがなくなり、中心的な埋葬者が男性によって占有されることを指摘する［清家二〇一八］。副葬品も甲冑などの武具が中心となる。権力と権威の担い手が、女性の宗教者から男系の王へと移りつつある様子をうかがうことができる。

孝謙《こうけん》天皇が重祚した称徳《しょうとく》天皇は、道鏡《どうきょう》を重用した。神護景雲三（七六九）年、宇佐《うさ》八幡《はちまん》宮《ぐう》から、道鏡を皇位に就ければ天下泰平になる旨の神託が届いた。それを確認すべく派遣された和気清麻呂《わけのきよまろ》は、天皇家以外の者を即位させてはならないという神意が下ったとして、その旨を上奏した。称徳と道鏡はその神託を偽物であると断定し、清麻呂を流罪に処した（『続日本紀』巻三〇）。

ここでは神託の真偽判断が、宗教的な文脈を離れて、政治的な駆け引きの対象となっている様子をうかがうことができる。古代においてはカミとの交渉の権限を手中にすることが、権力の重要な基盤だったのである。

『古事記』や『日本書紀』には、天皇が霊夢をみて将来の方向性を知るという話が現れる。先に崇神天皇の時代に疫病が流行して人民が死に絶えそうになる話を紹介したが、その対応策を指示するオオモノヌシの神託を最初に受けたのは、『日本書紀』では倭迹迹日《やまとととひ》百襲姫《ももそひめ》だった。それに対し、『日本書紀』に遅れて編纂される『古事記』では、仲介者としての女性シャーマンは登場しない［梅沢一九六二］。天皇が直接、夢を通じて神との意思の疎通を図っている。

『日本書紀』でも最終的な解決策は天皇自身が神から告知されることになっており、そこにシャーマンを超える天皇の宗教的な能力を示そうとする意図を垣間みることができる。だが『古事記』では、シャーマンそのものが姿を消している。神々は重大な転機にあたってもはやシャーマンを介在することなく、直接、天皇にその意思を示そうとするのである。

身近に留まるカミ

国家と天皇の守護者として位置づけられたカミ（超越的存在）は、遠い彼岸世界や遥か天上にいてはその役割を果たすことは不可能だった。カミは支配者の要請に即応して、ただちに人間社会に介入できるような態勢を取り続けることが求められた。それは国家と関わりのないカミにとっても同様だった。この国土にあって人間と空間を共有する現世的存在――それが古代のカミだった。

そのため、カミはその実在と眼差しを人々に強く印象づける必要があった。カミの一角を構成する仏にしても、礼拝の対象は他界にいる抽象的な仏ではなく、堂舎に鎮座する像でなければならなかった。古代のカミは、基本的に質量を具えたリアルな実体として把握されるものだったのである。

以下に掲げるのは、天皇の廃位をもくろんだ県《あがた》犬養《いぬかいの》姉女《あねめ》の叛逆《むほん》が未然に発覚したことを、称徳天皇が神々に感謝する宣命中の一文である。

盧舎那《るしゃな》如来、最勝王経《さいしょうおうきょう》、観世音菩薩、護法善神の梵王《ぼんおう》・帝釈《たいしゃく》・四大天王の不可思議威神の力、口にすることも恐れ多い、天地開闢以来この国土を治めてこられた歴代の天皇の御霊と天地の神たちの守護の力によって、反乱者たちが汚い謀をめぐらして行った天皇に対する呪詛など反逆行為がすべて発覚した。

(『続日本紀』神護景雲三〈七六九〉年五月二九日条)

天皇を守ったとされるカミの筆頭には、「盧舎那如来」＝東大寺の大仏が挙げられている。次いで登場するのが、「最勝王経」という護国の経典である。「観世音菩薩」は南方補陀落《ふだらく》浄土にいるとされる救済者だが、大仏の後に位置することを考えると、二月堂《にがつどう》の観音菩薩像のような具体的な「像」を指している可能性が高い。仏教の守護神である「梵王・帝釈・四大天王」も天空の神ではなく、堂舎の須弥壇《しゅみだん》に安置された特定の「像」と考えるべきだろう。「天皇の御霊」は天皇陵に棲む歴代天皇の霊魂であり、先に述べたように、天皇の地位の神聖化に伴って定着した概念だった。「天地の神たち」は日本の神々である。

古代には、これまで挙げたもの以外にもカミとみなされる存在があった。奈良時代の詔《みことのり》では、それを下す主体としての天皇が「現神」（アキツミカミ）と表現されていた。この宣命も「現神」としての称徳天皇が、その命令を臣下や民衆に下すという形式を取っている。古代ではこうした多種多様なカミが国土に満ち溢れていた。現代人の常識からすると同じ範疇で捉えることがとうてい不可能とみえるものたちが、同一の機能＝「霊験」をもつ聖なる存在として把握されていたのである。

奈良時代になるとカミの定住化が進み、神は神社、仏は寺院、天皇霊は山陵といった定位置が決まってくる。しかし、そのいずれについても住居として人間の認知できる範囲を超えた異次元世界が想定されることはなかった。高天原も黄泉の国もこの世の風景の投影であり、容易に往還できる地だった。カミは、人が会いたいと願えばいつでも対面できる場所にいたのである。

平安時代には神を象った神像が盛んに制作されるようになる。絵巻などにおいて神の姿を示そうとする場合、各神社の特徴ある社殿が神の表象としての役割を果たすこともあった。姿や形をもたないようにみえる日本の神も、その存在感を示すことが必要な場合には、像や形代や社殿など質量を伴う実体として表現された。同様に本来身体をもたない天皇霊も、その表象は依代としての山陵だった。

いま目の前にいるという生々しい実在のリアリティと、人知の及ばない強力な験力の保持、それが神・仏やヒトガミといった範疇を超えた古代のカミの特質だった。そのいずれにも共通するパワーの源が「清浄」性だったのである。

第三章　救済者の探求——古代から中世へ

平安時代の後期から、この世とは次元を異にする不可視の他界のイメージが拡大する。そこに住むカミが救済者とされるとともに、その聖性が被救済者にも内在することが強調される。カミは、人間の外部にあって霊異を引き起こすものから、人々を生死を超えた彼岸に送り出すものへと、大きく変貌を遂げた。

1 分離する他界

彼岸に誘う神

ここに掲げた画像は、一三世紀に制作された春日宮曼荼羅《かすがみやまんだら》（奈良・南市町自治会）である（写真3－1）。左手に春日神社の境内が描かれ、その上方中央に春日山を後景として御蓋山《みかさやま》が鎮座している。山中には浮遊する春日社の本地仏《ほんじぶつ》五体が描かれており、山が来迎仏《らいごうぶつ》出現の聖地であることを端的に表現している。絵の下端中央には一の鳥居が描かれ、そこから興福寺《こうふくじ》の伽藍を左手に見て、参道が春日社まで繋がっている。

参道の右手から下手にかけては、深い森が広がっている。春日野とよばれるこの一帯は、死者の火葬骨を納める納骨信仰の行われた元興寺《がんごうじ》・十輪院《じゅうりんいん》から、死者供養の地蔵菩薩を本尊とする福智院《ふくちいん》を経て、阿弥陀と閻魔《えんま》の像がある白毫寺《びゃくごうじ》へと続く地であり、共同墓地が広がり死の臭いの立ち込める場所だった［船田二〇一五］。

そうした現地の状況を考えると、この曼荼羅は下から上に、死者の世界としての春日

3－1　春日宮曼荼羅

野、この世の浄土としての春日社、そして来迎仏が出現し人々を彼岸へと連れさる御蓋山・春日山という三つの部分から成り立っていることがわかる。これは単に聖地としての春日神社を静的に描いたものではない。神社への直接の参拝者だけでなく、春日野に葬られあるいは遺棄された死者の魂を掬《すく》い取り、彼岸に送り出す装置としての春日社を動的に表現しようとしているのである。

仏の垂迹＝化現である春日の神によって抱きとられ、その力によって彼岸に向けて押し出された死者の霊魂は、山中に化現した仏に手を引かれ、社殿から御蓋山、そして奥山の春日山へと一直線に伸びる中空のルートを通って浄土へと旅立っていくのである。

死者の救済者として神を描く宮曼荼羅は、春日社以外の神社でも数多く制作された。比叡山の坂本にある山王社を描いた山王宮曼荼羅（奈良国立博物館）では、絵の中央にそそり立つ八王子山が置かれ、その上に本地仏が描かれており、比叡山の守護神・山王の神が垂迹であることが明示されている。奥には雪をいただいた比良《ひら》山脈が書き込まれていて、八王子山から比良山に架けられた、本地仏の浄土へと続く不可視の滑走路の存在が暗示されている。

『日吉山王利生記《ひえさんのうりしょうき》』などの文献史料にも、浄土への案内人としての山王を語るエピソードがいくつも収録されている。鎌倉時代の神道書である『耀天記《ようてんき》』は、山王社の境内に足を運んだ者は、「権現垂迹である山王神のおはからい」により、「人生の終焉には正念《しょうねん》を保ち、和光同塵《わこうどうじん》（この世に化現した）の神のお導きによって、必ず浄土の九品《くほん》の蓮台《れんだい》（阿弥陀仏の御前）に生まれる」と説いている。

前章でみた古代の神は、強い霊威を示して外側から人々の生活に影響を及ぼす存在だった。その神が、なぜ鎌倉時代には仏の垂迹となり、人々を浄土に導く道案内の役割を果たすようになるのだろうか。

目にみえない世界の拡張

人間が、神・仏といったカミ＝超越的存在や死者と同じ空間を共有するという古代的な世界観は、一〇世紀後半からしだいに変容を遂げる。人間の世界（この世）からカミの世界（あの世）が分離するとともに、膨張を開始するのである。人の住む現世と目にみえない超越者がいる理想郷が緊張感をもって対峙する、中世的な二元的世界観の形成である［佐藤二〇〇〇］。

一つの空間を分かち合っていた人間とカミの間に明確な一線が引かれ、それぞれの住居は彼岸と此岸《しがん》とに分かたれた。これは人間の認知しえないもう一つの空間のイメージが、人々の意識のなかで急速に膨らんでいくことを意味していた。古代では、カミの居場所はいくら遠くてもせいぜい山の頂上だった。それに対し中世では、この世と次元を異にする他界が実在するという観念が、広く社会に流通するのである。

あいまいだったカミと死者との関係も、救済者―被救済者として位置づけ直された。彼岸=浄土はもはや普通の人間が気軽に足を運ぶことのできるような場所ではなくなった。神学の分野では救済主のいる浄土のイメージがどこまでも膨らみ、その様子が事細かに描き出されるようになった。

こうして一二世紀には救済者のいる彼岸世界（浄土）こそが真実の世界とされ、この世はそこに到達するための仮の世（穢土《えど》）であるという認識が人々の間で一般化した。浄土教のように浄土の客観的実在性を強調するものから、ありのままの現実世界の背後に真実の世界をみようとする密教に至るまで、この世とあの世の距離の取り方は宗派によってさまざまだった。にもかかわらず、身分階層を超えて人々を平等に包み込んでくれる普遍的世界が実在するという理念が、広く社会に共有されるようになるのである。

そうした世界観の広まりを背景として、この世での成仏を目指す（即身成仏）点で、死後の救済を理想とする浄土信仰とは対照的とみなされがちな密教の世界でも、中世では往生浄土の信仰が大きな位置を占めるようになっていた。醍醐寺座主《だいごじざす》を務めた覚済《かくぜい》（一二二七～一三〇三年）の『迷悟抄《めいごしょう》』をはじめ、浄土信仰を初心者のための方便として肯定的に位置づける密教者の著作は数多くみられるが、念仏そのものを否定する言葉はほとんどない。鎌倉時代の説話集『沙石集《しゃせきしゅう》』は、「霊魂を救って極楽に送る」という機能でも、密教の陀羅尼や光明真言の方が念仏に勝ることを強調している（巻二―八）。

後に述べるように、空海の遺骸が置かれている高野山の奥の院そのものが、中世には浄土信仰の聖地と化していた。浄土信仰の隆盛を目の当たりにした密教僧たちは、能力の高いものは密教による即身成仏、資質に劣る者は念仏による往生という論理を用いることによって、それをみずからの信仰体系に組み込んでいくのである。

古代―中世の移行期に起こった世界観の転換は、しばしば仏教、とりわけ彼岸の理想世界への往生を説く浄土思想の受容と定着によるものとされる。かつて家永三郎《いえながさぶろう》はこれを「否定の論理」の形成と捉え、その原因を現世否定の思想をもつ仏教に求めた［家永一九四〇］。

しかし、わたしはそうした見方に賛成できない。確かに、最初にそのコスモロジーを理論化しようと試みたのは仏教者、なかでも源信《げんしん》（九四二～一〇一七年）ら浄土教の系譜に連なる者たちだった。だがそれは世界観の変容の原因ではなく、結果だった。この世からあの世が分離したことに伴うコスモロジーの変容が、仏教が内包していた「否定の論理」の起動を可能にした。経典のなかで説かれ一部の聖職者によって論じられていた、「厭離穢《おんりえ》土《ど》」「欣求浄土《ごんぐじょうど》」の思想や生死を超えた救済の理念が、閉じられた寺院社会を超えて大衆の心を摑むだけの思想的土壌がようやく成熟したのである。

この転換以前の九世紀初頭に成立する景戒《けいかい》の『日本霊異記』は、日本最初の仏教説話集として知られている。そこで説かれる霊験と因果の理法は、現世の内部で完結するものだった。死者に対する仏法の機能も論じられてはいるが、その効用は地獄に堕ちた死者の蘇生だった。現世で罪を犯した者は、地獄に堕ちないまでも、蛇や牛となって生まれ変わった。死後に行くべき浄土も説かれるが、そこはこの世と連続していて、容易に行き来のできる場所として描かれている。

来世は現世の投影であり、その延長にほかならなかった。その基本的な世界観は『古事記』や『日本書紀』に通ずるものだった。大乗仏教が本来持っていた生死を超えた救済という観念や、二度と帰ることのできない遠い浄土への往生という理念は、この時期には大衆レベルではまだ存在していなかった。古代の現世一元的なコスモロジーが、仏教の受容のあり方そのものを強く規定していたのである。

古い風景の残るヨーロッパを歩けば、町の中心を占めているのはこの世と神の世界を繫ぐ教会である。中世ヨーロッパがそうであったように、目にみえない他界の膨張は人類史がある段階で体験する一般的な現象であるとわたしは考えている。そうした歴史的ステージに到達した日本列島が、それに適合的な思想として、彼岸の理想世界の実在を説く浄土信仰を受け入れ、新たな世界観の体系化を促していった。法然《ほうねん》や親鸞《しんらん》の思想はこのコスモロジーの転換を経て、初めて誕生するための思想的基盤を確保することができたのである。

中世人にとっての「仏」

いまわたしは、中世になると救済者のいる他界が現世から分離していくことを指摘した。しかし、この分離によってすべてのカミがその住所を彼岸に移したわけではなかった。相変わらずこの世に残って、人間と共生する神仏の方がはるかに多かった。中世の日本列島では、彼岸と此岸に区分けされた二種類のカミがいたのである。

超越的存在の居場所がこの世とあの世に分離して、二つの性格を異にするカミが誕生するという論は、おそらく大方の人にとって初耳に属することに違いない。そのため、具体例を挙げてもう少し詳しく説明したい。以下に紹介するのは、『今昔物語集』『続本朝《ぞくほんちょう》往生伝《おうじょうでん》』などに収録されて、広く人口に膾炙《かいしゃ》したストーリーである。

俗名を大江定基《おおえのさだもと》といった平安時代の僧・寂照《じゃくしょう》は、入宋《にっそう》巡礼の修行を思い立ち、首尾よく渡海を果たして、中国の清涼山《せいりょうざん》の僧団の末席に連なることができた。ところが、ここで問題が起こる。この寺では斎会の時に、自分で席を立ってわざわざ食事を受け取りに行く人は誰もいなかった。代わりに、自分の鉢《はち》を飛ばして食事を受け取っているのである。

法会は進み寂照の番が回ってきた。寂照は「飛鉢《ひはつ》の法《ほう》」など耳にしたことすらなかった。困り果てた寂照は、やむなく「本朝の神明・仏法」の加護を祈った。途端に鉢は勢いよく飛び上がり、どの鉢よりも早く食物を載せて戻ってきた。

異国で恥をかきそうになった寂照を、日本の神仏が助けてくれたというたわいもない話である。しかし、よく考えると、この説話には腑に落ちない部分がある。寂照を「本朝の神明」＝日本の神々が助けてくれることは理解できる。他方で、日本人ということだけで無条件に援助してくれる「本朝の仏法」＝日本の仏とは、いったいどのような存在なのだろうか。たとえ異国にあっても困ったときには助けてくれるような仏が日本にいるのであれば、最初から日本に留まっていて「本朝の仏法」を頼ればいいではないか。普通はそう考えるのではないだろうか。

実はここには、二種類の次元を異にする仏が登場しているのである。寂照が中国に渡ってまで求めた仏は、人々を、生死を超えた救済に導く普遍的な存在だった。その仏は姿形を持つことなく、その前では民族や国籍は意味をなさなかった。寂照は清涼山をステップとして、真の救済者との出会いをめざした。二種の仏のうちの〈あの世のカミ〉としての仏である。

それに対し、中世にはもう一種類の仏がいた。具体的な外観を与えられた仏像である。院政期の説話集『江談抄《ごうだんしょう》』にもこれと同じエピソードが引かれ、寂照を助けてくれる「本朝の仏神」が登場するが、そこでは「仏は長谷寺観音《はせでらかんのん》」という注記がある。長谷寺の観音様のように仏像として可視化されてこの世の住人となったとき、その仏は日本の神と同様、列島に住む人々を特別扱いし、無条件に守護する存在となるのである。これが〈この世のカミ〉としての仏だった。

中世人が共有していたコスモロジーは、究極の救済者が住む見えない理想世界と、人間が日常生活を送るこの世からなる二重構造をなしていた。こうした世界観の形成に即応して、神仏も最終的な救済者である〈あの世のカミ〉と、そのカミと人々を結びつけることを任務とする〈この世のカミ〉という、二つのグループに振り分けられていくのである。

コスモロジー転換の背景

一〇世紀から一二世紀という時期に、なぜ日本列島では不可視の世界の膨張という現象が生起したのであろうか。

第一章で述べたように、列島の人々がはじめて人知を超える存在を実感したのは、雷などの自然現象や、動物のもつ驚異的なパワーだった。しかし、その体験は宗教の誕生を意味しなかった。集団がそれをカミとして共有するためには、カミがいったん可視化される必要があった。日本列島でそれが起こったのは縄文時代のことだった。

次の弥生時代に入ると、カミはこの世からその姿を消してしまう。死者なども含めて、縄文時代の後期から目にみえない存在に対するリアリティが強まり、個々の不可思議な現象の背後に、それを生起させているカミの実在を感じ取る段階が到来する。イメージとしてのカミの消失はその延長線上に起こった出来事だった。

古代社会では形をもったカミが再登場し、仏像・神像から蛇に至るまでさまざまなものがカミと認識されたが、それらに宿って霊験を生み出す特殊なパワーを与えているものこそがカミの実体だった。八重樫直比古は『日本霊異記』の霊験譚を分析して、さまざまな仏像が霊異を示す共通の背景には、像内に宿ってそれを引き起こす、「聖霊」とよばれる霊魂のごとき存在があったことを指摘する［八重樫一九九四］。

コスモロジーという視点からみれば、古代から中世への転換はこの目にみえざるカミに対する思弁が進展し、そこにさまざまなイメージが付加されていく過程だった。長い期間をかけて抽象的な思考に耐えられる能力を身につけていった列島の人々は、一〇世紀ごろを転換期として、不可視のカミに対する本格的な探求を開始する。はじめ現世の投影でしかなかった他界は、大陸から伝来した仏教経典などの力を借りながら、想像の世界のなかでしだいにこの世とは異質な空間へと変貌していく。そして最終的に、現世からの離陸を遂げるのである。

明日をも知れない命

この時期に彼岸表象が肥大化していく要因は、もう一つ存在した。同時代の社会の不安定さである。

中世は浄土信仰が流行し、多くの人々が死後の救済を願った時代だった。しかし、中世人も最初から死後の命運だけを気にしていたわけではなかった。鎌倉時代の作品である『絵師草子《えしのそうし》』には、ある貧しい絵師が伊予守《いよのかみ》への任用を喜んで、一族で盛大な祝宴を開く様子が描かれている（写真3－2）。死を考えるよりも、生きているうちに満ち足りた生活を送りたいと願うのは、中世人も現代人も同じだった。けれども、中世の客観的な社会状

3－2　『絵師草子』より

況がそれを許さなかった。

　現代の日本では誰もが、自分がいずれ老年期を迎えることを当然と考えている。日本人の死亡率が、若年期・壮年期には際立って低いからである。しかし、中世では事情はまったく違った。中世人はこの世に誕生した瞬間から、年齢にかかわらず櫛《くし》の歯が欠けていくように、この世から去ることを宿命づけられていた。中世は自分がいつどこで死ぬか、まったく予測のできない時代だったのである。

　その原因が、病気や争乱だった。いまならどうということもない病気や怪我が、中世では致命的となった。いったん疫病や飢饉が勃発すれば、わずかの間に地域の人口は半減した。日蓮《にちれん》（一二二二～八二年）が『立正安国論《りっしょうあんこくろん》』冒頭に示した、「近年から近日にいたるまで、天変地異や飢饉・疫病があまねく天下に満ち、広く地上を覆っている。牛馬は路上に倒れ伏し、人の屍《しかばね》と骨は道にあふれている」という描写は、決して誇張ではなかったのである。

加えて、中世は江戸時代と比較してもはるかに流動性の高い時代だった。人と土地との結びつきは弱く、上層の公家や武家を除いて、大半の階層はまだ先祖から子孫へと受け継がれていく「家」を形成できなかった。それは、死者を長期にわたって弔《とむら》い続ける社会環境がまだ熟していないことを意味した。

いつ幕を閉じるともわからない不安定な人生であるからこそ、人はせめて死後には安楽な生活が保証されることを願った。継続した供養を期待できないために、人は短期間のうちの完全なる救済実現を望んだ。そのため、浄土はますます豪壮で、救済者の威力はどこまでも強大でなければならなかった。

中世には死後の命運を超越者に委ねざるをえない客観的な状況があった。古代人に欠けていた抽象的な思考能力を身につけた中世の人々は、死後の救済という課題を背負って、真の救済者を求めての飽くなき心の旅に乗り出すのである。

無常を超えて

こうした過程を経て、中世の日本列島では、来世こそがこいねがうべき真実の世界であり、現世の生活の大半は浄土往生実現のために振り向けられなければならない、という認識が大方の人々によって共有されるようになった。

この世は、所詮は仮の宿りにすぎない。そこでのつかの間の生活のために、モノを求め身を飾ることは無意味な行為である。真実の世界はこの世とは別次元に実在するのである。

祇園精舎《ぎおんしょうじゃ》の鐘の声、諸行無常の響あり。沙羅《しゃら》双樹《そうじゅ》の花の色、盛者必衰《じょうしゃひっすい》のことわりをあらわす。(『平家物語』)

ゆく河の流れは絶えずして、しかも、もとの水にあらず。淀みに浮ぶうたかたは、かつ消えかつ結びて、久しくとどまりたる例《ためし》なし。(『方丈記』)

だれもが知るこれらの有名な書き出しの言葉も、この世を仮の世とみる世界観を背景として生まれたものだった。中世の史料を繙けば、いたるところに現世の無常と人間の生の有限を強調する言葉を見出すことができる。先に述べたように、中世人も決して頭からこの世での安楽な生活を放棄していたわけではなかった。むしろ強くそれを望んでいた。その願望を容易に実現できない外的環境が、世の無常を語るこうした言葉を生み出していたのである。

ここに至って、死者の再生を願って遂行された古来の殯《もがり》はその意義を喪失した。死がいかに悲しい出来事だとしても、それは別世界でのより豊かな生に向けた旅立ちの儀式となった。魂の浄化に要する時間は劇的に縮小し、二つの世界を橋渡しするためのいくつもの儀式が生み出されていった。生から死へと移行する臨終の瞬間こそが人の一生の縮図であり、後生のあり方を決定するもっとも重要な時間であると人々は考えるようになったのである。

2　この世に顕現する救済者

彼岸への仲介者

遠い他界への旅立ちを理想とした中世人ではあったが、一つの大きな課題が残った。経典などには確かに浄土の様子が事細かに描写されているが、実際にそこに行ったことのある人間は誰もいなかった。浄土がいかに素晴らしい土地であると説かれていても、一度も目にしたことのない場所の実在を信じることは容易ではなかった。

『歎異抄《たんにしょう》』のなかで唯円《ゆいえん》は親鸞（一一七三〜一二六二年）に、「念仏しても急いで浄土に行きたいという気持ちが起きないのはなぜでしょうか」と質問している。浄土を願う心を起こすことは、この時代の人々にとってもきわめて困難だったのである。

しかし、それでは末法《まっぽう》の心の汚れた人々は誰一人救われないことになってしまう。そこで浄土の仏たちは自分の分身をこの世に派遣し、浄土に向けて人々の背中を後押しすることにした。それが「垂迹」といわれる存在だった。

垂迹という言葉を聞くと、わたしたちはすぐに「本地垂迹」を思い出す。この概念は通常、インドの仏が日本に神として出現するという意味で用いられている。だが、中世で使用された意味はまったく違っていた。それはあの世の仏が、この世に具体的な姿をもって出現することだった。

『融通念仏縁起《ゆうずうねんぶつえんぎ》』(一四世紀、写真3―3)は、平安時代後期の僧・良忍《りょうにん》が勧めた融通念仏に梵天などの諸天、龍樹《りゅうじゅ》などの聖人、伊勢をはじめとする日本の神々がこぞって結縁《けちえん》したことをあげる。その上で、「本地極地の如来」に対しこれらは「垂跡和光《すいじゃくわこう》の応身《おうじん》」であるが、人々を救済しようという志はまったく同じであると記している。不可視の本地仏の顕現こそが、中世の本地垂迹の骨子となる概念だったのである。

垂迹を代表する存在が、菩薩像や明王像・天部《てんぶ》の像を含む広義の仏像(この世の仏)だった。宇治《うじ》の平等院鳳凰堂《びょうどういんほうおうどう》の阿弥陀仏をはじめとして、一一世紀から一四世紀にかけて大量の阿弥陀像が造立されていった。人々は仏像に向かって浄土往生を願った。それが効果を発揮すると信じられていたのは、阿弥陀像が浄土にいる本地仏(あの世の仏)の化身=垂迹だったからにほかならない。

中世にはその所在と機能を異にする二種類の仏がいた。浄土にいる本地の仏と、堂舎に安置されたその垂迹であるレプリカである。わたしたち現代人は「仏」というと、東大寺の大仏や長谷の観音など過去に目にしたことのある像の姿を思い浮かべる。しかし、中世人にとって本来の「仏」とは、手の届かない浄土にいる人間の認知能力を超えた存在だったのである。

真実の仏（あの世の仏）は彼岸世界にあって、言語や肌の色を超えて人々を最終的な解脱に導く役割を担っていた。仏像（この世の仏）の使命は、人々をなだめすかし守護しながら、真の救済者との縁を繫ぐことにあった。

来迎を待ち望む人々

この世の仏には仏像のほかに、より重要な役割を担うと信じられたもう一つのジャンルがあった。往生を願う者の祈りに応えて、その場に随時化現する垂迹である。これは彼岸の仏が、ある人物のためだけに特別に姿を現す現象であることから、祈願の成就を意味するものと解釈され、特に尊重された。

信者の願いに応じて顕現するヴィジョンは、しばしば「生身《しょうじん》」とよばれた（写真3－3生

3－3　『融通念仏縁起』より（シカゴ美術館）

身仏の来迎）。中世の説話集である『古今著聞集《ここんちょもんじゅう》』によれば、藤原家隆《いえたか》は臨終時に本尊を安置することがなかったという。「ただいま生身の仏が来迎されたので、もはや本尊は意味がない」というのがその理由だった。ここでは顕現した生身と仏像が対比され、往生を実現させる主体として前者の優位が語られている。

『続本朝往生伝』は、かねてから「生身の仏」をみたいと願っていた真縁《しんねん》という僧がその念願叶ったというエピソードを記した後、「真縁すでに生身の仏を見奉れり。あに往生の人にあらずや」という評語を付している。極楽往生を願った藤原豊成《とよなり》の娘は、「生身の如来を拝見しないうちは、この寺の門を出ない」と誓って当麻《たいま》寺《でら》に籠もり、「西方極楽の教主」の化身である尼と対面を遂げている（『当麻曼荼羅縁起』）。熊野参詣者の前の虚空《こくう》中に阿弥陀如来が出現する姿を描いた「熊野《くまの》権現影向図《ごんげんようごうず》」（檀王法林寺《だんのうほうりんじ》）の画讃には、弥陀三尊のヴィジョンを拝したものは西方浄土への往生が約束される旨が記されている。

本地のヴィジョン＝生身との対面は、中世ではもっとも信頼に足る往生の確約と信じられていた。死に臨んで人々が仏の来迎を待ち望んだ背景には、このような思想があったのである。

仏像のなかでも善光寺《ぜんこうじ》の阿弥陀如来像や粉河寺《こかわでら》の観音像のように、「生身」という形容の付されたグループがあった。これらは固定した形を与えられた像ではあったが、五臓六腑《ごぞうろっぷ》の納入、玉眼《ぎょくがん》、金属の歯、裸形への着衣など、できる限り生きた仏のリアリティを感じさせる工夫がなされている［奥二〇〇五］。だが、生身の本来のあり方は像ではなく、あくまで化現する幻影だった。

高弁《こうべん》（明恵《みょうえ》、一一七三～一二三二年）はその『夢記《ゆめのき》』のなかで、木像の不空羂索観音像《ふくうけんさくかんのん》が「生身」に変化して、大般若経を授けてくれたという夢をみたことを記している（『明恵上人夢記』）。ヴィジョンとしての「生身」は、イメージとしての木像と対比される存在だった。善光寺の阿弥陀如来像のように、生身とされる仏像の多くが、影向した姿を写し取ったものという伝承を伴っている。生身の像にみられるさまざまな技巧は、それを影向した仏がもつ生々しい存在感に可能な限り近づけようとする試みにほかならなかったのである。

浄土へ誘う神

仏像・生身仏と並ぶもう一つの垂迹のグループが日本の伝統的な神々である。遠い浄土の観念が膨張して彼岸世界が拡大すると、主要な日本の神々は彼岸の仏の垂迹として位置づけられるようになった。

仏が神の姿を取って出現されなかったならば、「無悪不造《むあくふぞう》」の者たち（あらゆる悪行に手を染める者）は、いったい何を拠り所にしてわずかの仏縁を結ぶことができるのか、と思うにつけて、奉納される榊や御幣をはじめ、禰宜の打つ未熟な鼓の音までもが、皆衆生《しゅじょう》を仏の世界に誘引する手立てとして、ありがたく思われることでございます。この世のさまざまな望みの実現は、あくまで人を仏道に導くための仮の手立てなのであり、「出離生死《しゅつりしょうじ》」をお祈りになれば、どうして人々を悟りの世界に引き入れるという本懐を示されないことがございましょうか。（鴨長明『発心集《ほっしんしゅう》』）

日本の神は人々を浄土へ誘うという使命を担ってこの列島に出現した。だから浄土に行きたいと願うのであれば、神に祈ることが一番の早道なのだ――こうした認識が人々の間で共有されるようになった。神社に参詣しては浄土往生の祈りを凝らす人々の姿が、中世の日常風景となるのである。
『春日権現験記』は神の姿を数多く記した絵巻として知られているが、そのなかに浄土往生を願う興福寺僧と影向した神との対面の様子が描かれている。

寺内での昇進を極め、すでに現世での栄華を実現したと考えた興福寺の林懐僧都《りんかいそうず》は、死後の往生を願って春日社に参籠《さんろう》した。一四日を経た暁の時分にふとまどろんだ折、第二の社殿から束帯姿で笏をもった高貴な人物が出現した。林懐は春日権現が自分の願いを聞き入れてくれた証と思ってたいへん感激したが、神が現れたほんとうの理由は、行の妨げになるという理由で神楽を停止した彼を叱責するためだった（大意）。

明け方にふと意識が遠のいた瞬間、参籠した人物の前にヴィジョンが顕現してメッセージを示すというパターンは、寺院への参籠の場合とまったく同じである。神祇信仰の世界においても、人々は顕現した神と出会い、その生の声を聞くことに至高の価値を見出していた。
中世の「本地垂迹」は、彼岸世界の根源神と現世にいるカミを垂直に結びつける論理だった。それをインドの仏と日本の神との同一地平上の平行の関係として、現世内部で完結する論理として理解しようとする立場は、彼岸世界が縮小し、人々が不可視の浄土のイメージを共有できなくなった近世以降に生まれる発想だったのである。

垂迹としての聖人

いまわたしは、垂迹と捉えられていた存在として、ヴィジョンを含む仏像と日本の神をあげた。三つ目のグループは、聖徳太子や伝教大師《でんぎょうだいし》、弘法大師などの聖人・祖師《そし》たちである。

垂迹としての聖人の代表が聖徳太子である。聖徳太子に関しては、古代では中国の天台僧、南岳慧思《なんがくえし》の生まれ変わりであるという説が広く流通していた。だが、中世に入ると極楽浄土の阿弥陀仏の脇侍《きょうじ》である観音菩薩の垂迹説が主流となった。古代では中国―日本という水平の位置関係において理解されていた聖徳太子化身説が、中世の本地垂迹では極楽浄土―此土という垂直の位置関係で把握されているのである。

聖徳太子の廟所のある磯長《しなが》には、太子自身が書き残したと伝えられる「聖徳太子廟窟偈《しょうとくたいしびょうくつげ》」がある。そこでは、聖徳太子が観音菩薩の化身とされるとともに、その母は阿弥陀仏、妃は勢至《せいし》菩薩の化現とされる。その上で、「末世のもろもろの有情《うじょう》（生きとし生けるもの)」を済度《さいど》せんがために、父母から受けた「血肉の身」をこの廟窟に留めている、と記されている。

平安後期に編纂された『往生伝』には、人々が聖徳太子を祀る四天王寺や磯長の聖徳太子廟の下に詣でて、自身の往生を願う話が収められている。親鸞も、みずからこの廟窟偈を書写している。若き日の親鸞は真実の救済を求めての彷徨の過程で聖徳太子の廟所を訪れ、その成就を願って祈りを捧げたのである。

慈恵《じえ》大師《だいし》良源《りょうげん》(九一二～九八五年)も幅広い信仰の対象となった人物だった。良源は角大《つのだい》師《し》、豆大師の護符でも知られるが、その肖像が西日本の各地に数多く残されている。比叡山延暦寺旧本覚院蔵の慈恵大師坐像(重文)像内墨書銘(胎内に書かれた銘文)には、垂迹である慈恵大師の霊験を仰いで結縁する者は、男女貴賤を問わず「一仏浄土の来縁」を結ぶことができると記されている。良源が来世浄土への案内者として位置づけられているのである。

高野山の奥の院で入定していると伝えられる弘法大師空海(七七四～八三五年)も彼岸からの使者だった。高野山の復興に尽力した覚鑁《かくばん》(一〇九五～一一四三年)は、高野山を開いた弘法大師空海について、「本地は十方諸仏の能化《のうけ》(仏のなかの仏)である大日如来であり、垂迹は六趣の衆生が帰すべき三地の菩薩である」(「高野《こうや》山《さん》沙門《しゃもん》覚鑁《かくばん》申文《もうしぶみ》」)と記している。高野山奥の院に参籠した重源《ちょうげん》が、深夜、空海の廟所から響く念仏の声を聞いたという話も語り伝えられていた（『一言芳談《いちごんほうだん》』）。

空海がその肉体を留めていると信じられた高野山の奥の院には、空海の後押しを受けての浄土往生を願う人々が参詣し、死者の骨が納められた。密教の曼荼羅世界だった高野山が、いつしか極楽浄土への通路とみなされるようになるのである。

これ以外にも廟堂に祖師として祀られる者は、みな彼岸の仏がこの世にふさわしい姿をとって垂迹したものと観念されていた。インドに生まれた釈迦も垂迹であり、その意味では聖徳太子と同レベルの存在とみなされたのである。

差別と畏怖のはざまで

中世人が共有していた根源的存在のイメージは、それと結びつくことによって、しばしば日常的なるもの、卑俗なるものを聖なる高みに引き上げる役割を果たした。

『古事談』『十訓抄《じっきんしょう》』などの説話集に収録されて、よく知られた話である。――「生身の普賢《ふげん》」を目の当たりにしたいと願っていた書写山《しょしゃざん》の性空《しょうくう》の夢に、神崎《かんざき》の遊女の長者に会うのがよい、というお告げがあった。性空が指示通りに長者の家を訪ねると、客を迎えての遊宴乱舞の最中だった。長者は奥座で鼓を打って今様《いまよう》を謡っていたが、性空が目を閉じると白象に乗った普賢菩薩の姿になり、目を開けると長者に戻った。感涙を流して帰ろうとする性空に、長者はこのことを口外しないよう語った後、頓死した。
交通の要衝《ようしょう》神崎の遊女は酒宴の相手を務めるだけでなく、売春を行うような女性たちであり、差別の眼差しに晒される人々であった。その長が、ここでは普賢菩薩の化身とされているのである。
もう一つの例は、『今昔物語集』巻一七にある一話である。

昔西の京に一人の僧がいた。「生身の地蔵」に会って浄土に引接してもらうことを長年の願いとしていた。この僧が諸国回遊の間に常陸を訪れたときのことである。宿を借りた家に地蔵丸と呼ばれる牛飼いの童がおり、主人の折檻《せっかん》を受けて泣き叫んでいた。この少年こそが地蔵ではないかと思った僧が一晩祈念し続けたところ、果たして童は地蔵の化身だった。

ここでは身分の低い牛飼い童が「生身の地蔵菩薩」とされている。先の遊女の話と同様、卑賤視の対象となるような人物が、実は聖性を体現する存在であることが示されているのである。

『粉河寺縁起』をはじめとする中世の絵巻物にみえるように、彼岸の仏・菩薩は社会的弱者である子供や女性の姿を借りてこの世に出現し、人々を浄土に導こうとした。一二世紀に成立する『今鏡《いまかがみ》』では、紫 式部《むらさきしきぶ》が仏菩薩の化身であり、人々を仏の道に引き入れるために『源氏物語』を著したと説かれている。

日ごろ差別される人々を聖なる存在の化身とする発想は、非人《ひにん》についてもみることが可能である。中世の非人は平民によって構成される共同体から排除され、独自の集団を形成して寺社の清掃や葬送に従事していた。中世では文殊菩薩《もんじゅぼさつ》が、この非人の姿をとって社会に出現すると広く信じられていた。『今昔物語集』(巻一六)には、長谷の観音が、死体処理や処刑を担当する放免《ほうめん》(釈放された囚人)として化現する話がみえる。非人救済で有名な叡尊《えいそん》は、実際に非人を生身の文殊菩薩にみたてた法会を行うのである。

社会的弱者や底辺の階層に位置する人々であっても、他界の根源神と結びつくことによって、現世の序列を超えて一挙に聖性を帯びた存在に上昇すると考えられていたのである。

霊場の形成

垂迹の使命が末法の衆生救済であるがゆえに、その所在地は、しばしば聖なる地=彼岸世界への通路とみなされた。一二世紀ごろから、寺院や神社の由緒と霊験を説く寺社縁起や、垂迹の場の聖性を主張する垂迹曼荼羅・宮曼荼羅が数多く制作されるようになり、霊地を踏むことの重要性が盛んに宣伝された。

『善光寺縁起』は、「極楽は決して遠くにあるものではない。信州の善光寺こそがすなわちその地である」と説いた後、「生身如来」のいるこの「霊地」を踏めば、たちどころに極楽往生が成就すると主張している。また『粉河寺縁起』には、「垂迹の光はあらたかではあるが、来迎して行者を極楽に導くのは本地の誓願による。臨終正念・往生極楽を願うのであれば、粉河の生身観音にお願い申し上げるべきである」という言葉がみえる。先にも述べたように、「生身」が本地仏と直結する存在であり、人々を極楽に迎え取る特別の力をもつことが強調されている。

春日や山王・賀茂《かも》といった神社の境内もまたこの世の浄土(「社壇浄土《しゃだんじょうど》」)とされ、そこへの参詣が極楽往生に通ずるものであることが力説された。『春日権現験記』は、「心が清らかであればそこが浄土である。清浄なるわが神は仏にほかならない。社壇が浄土でないということがあろうか」として、神社の瑞垣《みずがき》の内がこの世の浄土であると述べる。本章冒頭で取り上げた宮曼荼羅の背景にあった思想は、まさにこのようなものであった。浄土信仰が高揚する中世において、諸寺社はこうした論理で浄土往生を願う民衆の心を引きつけていった。

他界の本仏がこの世に根ざした救済を行うべく顕現した垂迹は、それぞれの由来をもつ特定の化現の〈場〉と深く結びついた存在だった。そこへ赴いて祈りを捧げることによって、本地仏の御許への到達が可能になると信じられたのである。

他界への通路と考えられた霊験の地は、多くの場合、見晴らしのよい山頂や高台に設けられた。寺院の場合、垂迹の鎮座する「奥の院」は高野山や室生寺《むろうじ》、醍醐寺に典型的にみられるように、寺内の一番の高みに設置された。高所を重視するこうした配置は、山こそがこの世でもっとも清浄な地であるという、古代以来の観念を背景としたものだった。人は奥の院の垂迹に背中を押され、光にあふれたこの世のもっとも聖なる地から、本仏のいる彼岸世界へと飛翔していくみずからの姿を思い描いたのである。

中国でも敦煌《とんこう》壁画などに、浄土の様子を描いた浄土変相図《じょうどへんそうず》が数多くみられる。そこには池や鳥や樹木が描かれることがあるが、あくまで人工的・幾何学的な構図で配置されていて、自然の風景や山が登場することはない。ＭＯＡ美術館所蔵の朝鮮・高麗《こうらい》時代の来迎図では、来迎する三尊が画面いっぱいに大きく描かれるだけで、他の要素は切り捨てられている。

山を不可欠の舞台装置とし、周囲の自然景観をふんだんに取り入れた中世の来迎図は、列島の浄土信仰が大陸とは異なった方向に発展したことを端的に示す事例だったのである〔冨島二〇〇七〕。

3　根源神の追求

根源神を求めて

中世は、不可視の世界の追求の果てに、宇宙の根源に実在するとされた絶対的存在のリアリティを、人々が共有していた時代だった。そうした世界観と超越神に対し、「本地」「法身仏」などの概念をもちいてそれを最初に理念化・体系化していったのが仏教者たちだった。日本の神々は、それらの根源神からの派生あるいは化現（垂迹）として位置づけられた。

それはコスモロジーが仏教的な教理によって説明されることであり、別の言い方をすれば時代の世界観が仏教者によって占有されたことにほかならない。これに違和感を抱き、あるいは反発したのが神祇信仰に携わる者たちだった。平安時代後期から「神道五部書」をはじめとする教理書が作成されるようになり、「中世神道」とよばれる壮大な思想世界が構築されていった。その中心テーマとなったものは、人間の感知しえない根源者の存在証明とその救済機能だった。

一三世紀後半、伊勢の地から新しい神祇思想の流れが起こった。度会行忠《わたらいゆきただ》（一二三六～一三〇五年）ら外宮《げくう》の神官たちによって推進された思想運動、伊勢神道の形成である。伊勢神道の聖典である神道五部書では、仏教や道教の思想的影響力のもとで、この世界を創成し主宰する唯一神の観念が成長していく［高橋二〇一〇］。

超越性が格段に強化された国常立神《くにのとこたちのかみ》や天照大神は、「大元神《だいげんしん》」「虚空神」（『御鎮座本記《ごちんざほんぎ》』国常立神）、「無上無二の元神」（『宝基本記《ほうきほんぎ》』天照大神）などの名でよばれた。こうした神格が「万物の本体」（『御鎮座本記』天照大神）、「万物の惣体」（『御鎮座本記』豊受大神《とようけのおおかみ》）などと表現されていることにもうかがわれるように、伊勢神道は仏教界がいち早く「本地」という概念でもってみずからのうちに取り込んだ根源的存在を、仏教から切り離して神祇信仰の側に引き入れようとしたのである。

伊勢神道の影響を受けて、根源者を神祇信仰の立場からさらに明確な形で理論化しようとした人物が南北朝時代の慈遍《じへん》だった。その著『豊葦原神風和記《とよあしはらしんぷうわき》』では国常立神という特定の一神が、宇宙を成り立たせている永遠不滅の究極的存在にまで高められている。慈遍は同じ著作で、神を「法性神《ほっしょうしん》」「有覚《うかく》の神」「実迷の神」の三種類に分けた上、「法性神」を「法身如来《ほっしんにょらい》」と同体の存在と規定している。ここでは神は、それまで仏教が独占してきた究極的存在＝本地仏の地位を与えられている。日本の神が絶対的存在・根源的存在にまで高められ、人々を、生死を超えた世界に導く救済者としての機能を付与されるのである［山本一九九五］。

仏教に対抗して、その論理に取り込まれた根源的存在を神祇信仰の側に引き戻そうとしたのが、中世に生起する神のロゴス化の運動の本質だった。こうして中世では、仏教・道教・神祇信仰といった枠組みを超えて、カミに対する形而上学的な考察が進み、宇宙の根源にあってこの世界を主宰する絶対的存在に対する考察が深められていく。不可視の究極者に対する飽くことのない接近が、中世思想の基調をなすことになった。

人種や身分の相違を超えて、すべての人間が等しく巨大な超越者の懐《ふところ》に包み込まれているというイメージが、中世人の皮膚感覚となっていくのである。

内在化するカミ

救済者としてのカミに対する思弁の深化は、他方では被救済者としての人間という存在についての考察の深まりももたらした。救済の追求は、なぜありふれた人間が生死を超越できるのかという疑問に、正面から向き合うことを余儀なくさせるからである。

人が救済されるためには、人間の側にもそれを可能にする条件が備わっていなければならない。それはいったい何なのか。そうした思索の果てに、万人がもつ内なる聖性が発見されていく。カミが徹底して外部の存在とされた古代に対して、人間に内在するカミが見出されるのが中世という時代だった。

人の肉体を霊魂の宿る場と捉え、それが体から離れて帰ることができなくなる事態を死とみなす発想は、古代から存在した。「タマ」とよばれた霊は、容易に身体を離れて「あくがれいずる」（紫式部）存在だった。それが中世に入ると、仏教でいう内在する「仏性」の観念と結びついて、その聖性と超越性を高めていく。

仏教、とくに東アジアに伝播した大乗仏教では、すべての人間が仏性をもつことは共通の大前提であった。「一切衆生《いっさいしゅじょう》　悉有《しつう》仏性《ぶっしょう》」の思想である。あらゆる人間は等しく聖なる種子を胸中に抱いているのであり、修行を通じてその種子を発芽させ育てていくことによって、だれもが仏になることができるのである。

こうした理念は、教理としては早くから日本列島にもたらされていた。最澄と空海がそれぞれ依拠した天台と密教の教学は、仏教のなかでももっとも人間と仏の距離を短く捉えるものだった。

しかし、超越的存在が霊威をもつ外在者のイメージで把握されていた古代社会では、内在する聖性という理念が大衆に受容され、定着していくことは不可能だった。聖なる存在への接近は首長や天皇などの選ばれた人間が、特別の儀式を経てカミのステージまで上昇することだった。あるいは、修行者が超人的な努力を積み重ねてようやく到達できる地位だった。

それに対して、万人に内在する仏性が発見される中世では、もはやカミへの上昇は特別の能力をもった人間に限定されることはなかった。身分や地位や学識を超えて、だれもが仏になれるのである。大乗仏教がもっていた「悉有仏性」や「即身成仏」の理念が大衆的レベルで受容される思想的な土壌が、ここにようやく整った。

根源的存在は、絶対的な救済者であると同時に森羅万象に遍在している。それは人間にも及んでいる。人は心のなかに内なる仏性を発見し、それを発現することによって、みずから聖なる高みに上ることができる——こうした理念が人々に共有されていくのである。

人と超越的存在を一体的に捉える発想は、神祇信仰の世界でも受容され、その基調となった。一方的に託宣を下し祟りをもたらした古代の神が、宇宙の根源神へと上昇していくと同時に、個々人の心のなかにまで入り込んでくる。神は究極の絶対的存在であるがゆえに、あらゆる存在に内在するのである。

こうした理念は、「神は正直の頭に宿る」、「心は神明の舎なり」といった平易な表現による俗諺《ぞくげん》として、衆庶に浸透していく。それは個々の人間が、根源的聖性との直接の回路をもつに至ったことを意味するものだった。だれもが聖なる高みに到達できるという認識が、神祇信仰でも常識化していくのである。

鎌倉仏教の位置

　一二世紀の末から一三世紀にかけての時代に、日本列島では法然の登場を端緒とする「鎌倉仏教」とよばれる宗教運動が隆盛を迎える。浄土教の系譜に位置付けられる法然・親鸞・一遍《いっぺん》、禅宗系の栄西《えいさい》・道元《どうげん》、天台宗の復興者を自任する日蓮など、その顔ぶれは多彩である。これ以外にも叡尊・忍性《にんしょう》による戒律の復興運動が注目され、高弁（明恵）や貞《じょう》慶《けい》などの伝統仏教側の僧侶も華々しい活躍をみせた。

　かつて戦後日本の仏教研究界では、鎌倉仏教研究こそがその花形だった。家永三郎、井《いの》上光貞《うえみつさだ》らの研究者によって、なぜ鎌倉時代に他に例のないほど仏教改革運動が盛り上がり、その大衆化が進んだのかという問題が追究された［佐藤二〇一四］。このような形での問題提起そのものが現在では色あせてしまっているが、日本仏教の歴史のなかで、鎌倉時代にもっとも創造的でエネルギーに満ちた活動がなされたこと自体を否定する人はほとんどいないであろう。なにが原因で、こうした現象が起こったのであろうか。

法然・親鸞・道元・日蓮など、鎌倉仏教のなかでもっともコアな部分を構成する祖師たちの思想を比較してみよう。そこに共通するのは、方法論の違いはあっても、身分や地位・学識などの相違にかかわらず万人が漏れなく救済されるという強い確信である。その救いの最終的な到達点は、生死の流転を繰り返す現世を超えた地平に求められた。

もし仏像や堂塔の建立者を救済することを阿弥陀仏の本願としたならば、貧乏に苦しんでいる者たちは、必ずや阿弥陀仏の極楽浄土への往生の望みを断ち切られてしまうだろう。しかも、富める者は少なく、貧乏な者は多い。知恵・高才や広い学識、持戒を本願とした場合も同じことが起こる。これらの諸行を行う者を本願とした場合、往生できる者は少なく、往生できない者は多くなってしまう。だから阿弥陀仏は成仏する以前の法蔵比丘とよばれていた時代に、「平等の慈悲」に催されて、あまねく一切衆生を救いとるために、口に南無阿弥陀仏と称える称名念仏《しょうみょうねんぶつ》だけを選んで、本願としたのである。

これは法然の主著である『選択本願念仏集《せんちゃくほんがんねんぶつしゅう》』第三章でなされた主張である。平易な行《ぎょう》の実践によって、だれもが救済に与ることができるとする鎌倉仏教の特色を端的に示している。法華経の題目を称えることを勧めた日蓮も、ひたすら坐禅を行うべきとした道元も、救済に至るプロセスにおいて、身分や権勢など信心以外の世俗的な条件が入り込むことを決して容認しなかった。

すでに述べたように、「悉有仏性」の理念はインドの大乗仏教にすでに備わっていた。しかし、それが古代において開花することはなかった。絶対的な救済者と俗世を超える彼岸世界のリアリティが人々に共有され、万人が聖性を内在しているという理念が社会に浸透する中世に至って初めて、生死を超えた救済の追求が可能となる客観的な条件が整った。鎌倉仏教はその先に誕生するのである。

4　聖性と王権

現人神としての天皇

古代から中世への移行に伴うコスモロジーとカミ観念の変容は、王権のあり方にも重大な転換をもたらした。

有史以前の社会において、共同体のあり方を規定していたのはカミの言葉だった。弥生時代ではカミの言葉を取り次ぐシャーマンが、もっとも大きな権威を担っていた。しかし、弥生時代も後期に入って列島に小国家が簇生《そうせい》し、各地に王＝首長が誕生するようになると、共同体内部の力関係が変化し始める。世俗の男王の権力と権威が強化されていくのである。

世俗の王はより強大な権力を確立するため、カミのもつ権威を自身のもとに取り込もうと試みた。まず行ったのは、カミからの託宣の解釈権を手中にすることによってカミの権威を占有することだった。同時に、王はみずからカミ（一次的権威）になることを目指した。三世紀から造営される前方後円墳は王をカミに祭り上げるための装置だった。

七世紀に入って、日本列島に中央集権国家が誕生すると、天皇と名称を変えた王は現人神に自身を上昇させ、列島の神々の上に立とうとした。大嘗祭の新設や「天皇霊」という概念の創出も、すべてこの目的を達成するための舞台装置だった。

古代の史料には、「現人神」（アキツミカミ）としての天皇がその権威でもって在地の神を屈服させるというエピソードが散見する。『常陸国風土記』（行方郡《なめかた》）では、その棲《すみか》である谷の開発を妨害しようとした「夜刀《やと》の神」（蛇形の神）を、壬生連麿《みぶのむらじまろ》という人物が、天皇の「風化《おもむけ》」を名目に強制的に排除した話がみえる〔桜井一九七六〕。

ただし、これはあくまでもイデオロギー次元の話であって、天皇が実際に全能者になったことを意味するものではない。カミとしての対称性ゆえに、天皇が他のカミから悪しき作用や祟りを受ける場合もあった。そのため古代の天皇の地位は、アキツミカミとしての自身の宗教的権威によって正当化されるだけでなく、律令制の政治システムに加えて、皇祖神と歴代の天皇の霊、天神地祇、仏教の諸尊などの外部のカミによって、何重にもわたってバックアップされ続ける必要があったのである。

カミに支えられる王

遠い彼岸世界のイメージが膨張する中世になると、現世的存在である天皇は、もはやどれほど努力を重ねようとも他界の根源神の仲間に加わることはできなかった。天皇が決して一次的な権威になりえない時代が到来したのである。それは天皇が、古代のように同格のカミとの連携によってではなく、より本源的な権威に支えられなければ王としての地位を保持することが不可能となった事態を意味していた。

日本列島では一二世紀になると、伝統仏教のなかから「仏法」と「王法」の協力関係の重要性を主張する論理が説き出され、やがて「仏法王法相依論《ぶっぽうおうほうそういろん》」として定式化されて頻繁に用いられるようになる。ここでいう「仏法」とは、「八宗《はっしゅう》」という言葉で示される伝統仏教総体を指すものだった。他方、「王法」とは天皇を頂点とする当時の支配体制を意味していた。「仏法」と「王法」が鳥の二翼、車の両輪のように支えあって初めて秩序が保たれるという論理が、「仏法王法相依論」の基本構造だった。

この論理は、世俗権力の存続には宗教的権威によるバックアップが不可欠であるとする、中世的な王権と仏教の関係を端的に表現するものだった。これは伝統仏教側から主張されたものではあったが、同じコスモロジーを共有するゆえに、支配権力の側の姿勢をも強く規定することになった。

彼岸世界の肥大化を背景とする宗教的権威の拡大と世俗権力の相対化という事態を前にして、王権の側もそれに対応する新たな自身のあり方を模索することを余儀なくされた。そこで王権が試みた方法は、仏法によって外側から守護してもらうだけではなく、根源的存在とのあいだに直接の通路を設けることだった。天皇はあの世の仏が担う一次的権威を自身に注入することによって、みずからの聖性の再生を試みるのである。

たとえば、天皇が大日如来に変身する「即位灌頂《そくいかんじょう》」という儀式がそれである。古代では原則として在位中の天皇が仏教と接触することはタブーだった。ところが一二世紀以降、即位式の前に印相《いんそう》（手の指で作る聖なるシンボル）と真言の伝授を受けた天皇が、即位式のなかでみずから印相を結び、真言を唱える仏教的な儀式を行う事例が出現する［上川二〇〇七］。後醍醐《ごだいご》天皇は袈裟を着けて密教の法具を手にし、祈禱を行う姿で肖像画を描かせている［網野一九八六］。

アキツミカミとしての宗教的権威の凋落《ちょうらく》に直面した天皇は、大日如来という根源神への変身にその聖性の再生を賭けるのである。すでに指摘したように、皇祖神としての天照大神そのものを宇宙レベルの根源神に引き上げようとする企てもなされた。

地獄に堕ちた天皇

だが、その試みは実を結ばなかった。中世において、天皇を神秘化する言説が散見することは事実である。けれども天皇が地獄や魔道に堕ちる話はそれよりもはるかに多い。

院政期に成立する『扶桑略記《ふそうりゃっき》』には、天慶四（九四一）年の出来事として、道賢《どうけん》という僧が金峰山《きんぷせん》において修行中に仮死状態に陥り、その間に冥界を見学した話が収められている（『道賢上人冥土記《どうけんしょうにんめいどき》』）。道賢は地獄にも立ち寄ったが、彼がそこで目にしたものは、父宇多《うだ》法皇に対する不孝、無辜《むこ》の賢臣菅原道真《すがわらのみちざね》の処分など、在位中に犯した罪によって裸同然の姿で責め苦を受ける醍醐《だいご》天皇とその臣下だった。『北野天神縁起《きたのてんじんえんぎ》』（メトロポリタン美術館本）にはこのエピソードを受ける形で、醍醐天皇が地獄で火責めの刑に遭っているシーンが描かれている。醍醐天皇の堕地獄譚は、これ以外にもさまざまな文献に登場する。

醍醐天皇と並んで、中世においてよく知られた天皇の堕地獄譚は皇極《こうぎょく》天皇のそれだった。『善光寺縁起』には、善光寺の創設者である本田善光《ほんだよしみつ》の長男善佐《よしすけ》が大焦熱地獄《だいしょうねつじごく》で、「驕慢《きょうまん》」と「嫉妬」の罪で地獄に連行されている途中の皇極天皇と出会った話がある。この逸

3－4　『善光寺如来絵伝』より。中央やや左の女性が皇極天皇

話は『善光寺如来絵伝』として絵画化され、中世後期にはその絵解きも行われて広く人口に膾炙する。皇極天皇も善佐も最終的には善光寺如来の威力によって蘇生するが、絵巻に書かれた上半身裸で問責を受ける女帝の姿は衝撃的である（写真3－4）。光明《こうみょう》皇后の堕地獄譚も流布していた（『大仏之縁起』）。

　堕地獄まではいかなくても、仏法に敵対したために失脚し夭逝《ようせい》したとされる天皇は多かった。欽明・敏達天皇は破仏の罪で命を失った（『善光寺縁起』）。後朱雀《ごすざく》天皇は山門《さんもん》（延暦寺）に敵対したために危篤に陥った（『日吉山王利生記』）。後三条・二条・安徳《あんとく》・後醍醐各天皇は、寺門《じもん》（園城寺《おんじょうじ》）側の資料によれば三井寺《みいでら》の仏法に敵対したことで命を失った（『寺徳集』『寺門高僧記』）。崇《す》徳院《とくいん》が保元の乱（一一五六年）で敗北したのは、山門側の説明では、対立する寺門に加担したことが原因だった（『延暦寺護国縁起』）。安徳・後鳥羽《ごとば》・土御門《つちみかど》・順徳《じゅんとく》・仲恭《ちゅうきょう》は、いずれも仏法違背の罪によって滅亡を遂げた（日蓮「内房女房御返事《うつぶさにょうぼうごへんじ》」）。このほかに、淳仁《じゅんにん》・崇徳・後鳥羽・後醍醐などが、悪道に堕ちて怨霊になったと信じられた（『太平記』）。

中世では歴代の多数の天皇について、特に六五代の花山《かざん》天皇以降はほとんどすべての天皇について、仏神の罰や祟りを被ったというネガティヴな噂がつきまとったのである［佐藤一九九八a］。

天皇や院を破滅や死去に追い込んだ超越的存在の正体は、事例ごとに異なる。けれども、この世の根底に人知を超えたカミの意思が存在し、それに反した場合には神孫である天皇ですら失脚や滅亡を逃れることはできない、という理念の共有では一致していた。中世の人々は自身と天皇のあいだに、もはや両者を隔絶する聖性の壁を認めなかった。天皇もまた〈あの世のカミ〉の前では一人の救済対象に過ぎなかったのである。

天皇の即位儀礼としてもっとも重視されていた大嘗祭は、応仁の乱の前年（一四六六年）を最後に、二〇〇年以上にわたって中断される。その背景に、戦乱の時代の到来に伴う政治的混乱や経済的な困窮があったことはまちがいない。しかし、最大の原因は、皇祖神である天照大神の〈この世のカミ〉としての位置づけ＝二次的権威化に伴って、大嘗祭が天皇を神秘化する作法としてほとんど意味を失ってしまったことにあった。有職書《ゆうそくしょ》『禁秘《きんぴ》抄《しょう》』の「禁中の作法は先《ま》ず神事」という言葉が示すように、天皇の神事優先の原則は相変わらずだったが、本来の宗教的意義を失って形式化していたのである。

こうした中世固有のコスモロジーを前提として、他界の根源神の権威を現世の王権の相対化の論理として用いることによって、天皇家から北条《ほうじょう》氏への「国王」の地位の移動＝革命を明言する日蓮のような宗教者も生まれてくるのである［佐藤一九九八b］。

第四章　煉獄の拡張——中世から近世へ

近世社会では、中世人が共有していた遠い他界のリアリティが失われ、この世とあの世に振り分けられていた人・カミ・死者が、再び一つの世界で共生する事態が生じた。死者のケアはもっぱら遺族の役割となり、神仏は生死を超えた救済に代わって、こまごまとした現世利益の要望に応えることを主要な任務とするようになった。

1　成仏する草木国土

自然に溶け込む仏

古代では、カミは人間の外部にあって、周囲からさまざまな作用を及ぼした。中世に入ると、不可視の他界をめぐる思索の深まりに応じて、カミは超越性を高めるとともに、あらゆる人間に内在していることが強調された。人は生まれながらにして聖なる種子を心に宿しているのである。

中世前期に確立する、人間の内面に超越的存在（カミ）を見出そうとする立場は、中世後期になっていっそう深化し、宗派の別を超えて共有されるとともに、芸能・文芸・美術などの分野に広範な影響を与えた。そこでは、人のありのままの振る舞いが仏であり神の姿そのものであるとされた。そうした思潮に棹さして発展し、浸透していくのが、「本覚《ほんがく》思想《しそう》」である。この思想は主として天台宗で発展したため、「天台本覚思想」ともよばれた［末木一九九六］。

心の本性の根源は凡人も聖人もなにも変わるところはない。これを本覚如来と名づける。その真実を知る人を聖人と名づけ、その理に迷う人を凡夫というのである。

これは最澄に仮託された、本覚思想の代表的文献である『天台法華宗牛頭法門要纂《てんだいほっけしゅうごずほうもんようさん》』にみえる言葉である。ここではごく普通の人間が「如来」＝仏そのものであると説かれている。人は努力と修行を重ねて仏という高みに到達するのではない。人は生まれながらにして仏なのである。仏になるのではない。自分が仏であると気づきさえすればいいのである……。

このような発想を記した文献が最澄、良源、源信といった天台宗の高僧の名を借りて大量に偽作され、流通していくのである。

接近する人と仏

カミ＝救済者を人間に対峙する他者として設定するキリスト教やイスラム教とは異なり、仏教の特質は、人が到達すべき究極の目標を救済者と同じレベルに設定するところにあった。人を導く教えを説いたのはインドに生誕した釈迦だが、釈迦が到り着いた仏の境地は決して彼だけの特権ではなく、万人に開かれたものだった。真実の法に目覚め、胸中の仏性（仏の種）を開花させることによって、だれもが仏になることができるのである。

しかし、成仏に至るプロセスは、仏教が広まった時代と地域によって一様ではない。おおまかにいって、人間と仏との距離は時代が下るにつれて、また仏教が東方に伝播するに従って短くなる傾向があった。大乗仏教では「一切衆生　悉有仏性」（聖性の遍在）が強調されたが、日本列島ではとりわけ人と仏が接近して把握される傾向が強かった。その先に生まれたものがこの本覚思想だった。

本覚思想は院政期ごろから徐々に発展していくが、二元的世界観とそれを前提とする浄土信仰が主流だった中世前期では、まだ閉じられた教団の教学の世界に留まっていた。それが中世後期になると、僧院の枠を超えて広く社会に受容されていく。成仏を目指した特別の修行を不要とするような極端な主張は、日本列島以外に展開した仏教にはほとんど見出すことができない。人と仏との距離は、日本に至ってついにゼロになってしまったのである。

絶対者をどこまでも追求し続けた中世の思想家たちは、万物へのカミの内在を発見したことを契機に、その視点を一気に外部から人間の内面へと転じるに至った。カミはその超越性ゆえに、あらゆる事物に遍在するのである。超越性の追求が、キリスト教やイスラム教にみられるような人間とカミの隔絶という方向にではなく、万物への聖性の内在という方向へと進むところに、日本列島の神観念の特色があった。

浄土信仰の変質

この転換の先に生じるのは、法然や日蓮など中世前期の思想にみられた、救済者―被救済者、浄土―此土といった厳しい二元的対立の解消だった。法然や日蓮も万人の救済の前提として「悉有仏性」を認めていたが、他方で救済者を人間と対峙する存在として把握し、その超越性を強調する点では共通していた。しかし、祖師の死後その後継者たちの間では、救済者の外在的・絶対的性格が薄められ、宇宙と人間への内在が強調されるようになる。

人間と向き合って人々を救い取る仏と、その仏に手を引かれて向かうべき他界浄土のイメージがしだいに希薄化し、救済者と被救済者、他界と現世の境界が曖昧となる。彼岸が現世のなかに溶け込んでいくのである。

「鎌倉仏教」についていえば、その転換点に位置する宗教者が時宗の祖師の一遍（一二三九〜八九年）だった。一遍は法然の孫弟子にあたる聖達《しょうだつ》に師事して修行を積んでおり、その宗風は浄土教の系譜に位置づけられる。だが、一遍の救済論は法然の対極に位置するものだった。

生死無常の道理を深く認識して、南無阿弥陀仏とひとたび心の底から仏を信じて称えた後は、自分はもはやかつての自分ではない。その心は阿弥陀仏の御心であり、身の振る舞いも阿弥陀仏の御振る舞い、言葉も阿弥陀仏の御言である。だから生きているこの命そのものも阿弥陀仏のお命なのである。（『消息法語《しょうそくほうご》』）

一遍のものとされるこの言葉には、法然にみられた、救済者としての阿弥陀仏と被救済者である衆生とのあいだの厳しい葛藤と緊張は存在しない。仏はなんの抵抗もなく被救済者の体内に滑り込んでいる。浄土は死後に到達すべき遠い他界ではない。信心が確立したとき、その人は阿弥陀仏の命を譲り受けているのである——こうした発想は一遍だけに留まらず、中世後期の浄土信仰の主流となっていく。

仏と人間の同体を説くこの論理は、先に紹介した『天台法華宗牛頭法門要纂』の主張と構造がよく似ている。救済者と被救済者の境界の曖昧化という方向性は、宗派を超えて中世後期の思想世界の一大潮流となっていく。密教や禅のように最初から外在的な超越者をもたない宗派も、俗世とそこに打ち立てるべき聖なる世界との緊張関係が緩和して、目の前に広がる現実がそのまま真実の相と捉えられるようになるのである。

宗教一揆の解体

中世から近世への転換期において、外在する他界のカミが存在感を失っていく原因はもう一つ存在した。政治権力に対する宗教勢力の屈服である。

一五・一六世紀は、浄土真宗と法華宗（日蓮宗）の門徒が中心となって結成された一向一揆・法華一揆が全盛をきわめる時代だった。世俗の権力者ではなく、浄土の本仏こそがこの世の本源的な主宰者であると説く真宗の「仏法領」、日蓮宗の「釈尊領」が、宗教理念の次元を超えて、門徒の実効支配する具体的な領域としてこの世に出現するに至るのである［黒田（俊）一九七五］。

この二つの宗派は中世に生まれた信仰のなかでも、とりわけ他界の仏の超越的性格を強調するところに特色があった。一向一揆で掲げられた「進めば極楽　退けば地獄」というスローガンにみられるように、人はこれらの仏に全面的に帰依し命を投げ出すことによって、死後の救済が約束されるのである。

一六世紀後半から天下統一に乗り出した織田信長・豊臣秀吉、および徳川家康ら権力者たちは、比叡山や高野山などの中世以来の巨大寺院が擁する軍事力と対決し、信長の比叡山焼き討ちにみられるようにこれらを徹底的に弾圧した。一向一揆との対決では、徳川家の譜代の家臣が信仰上の理由で本願寺の側に寝返るなど、幾度も危機的な状況に遭遇した。だが彼らは圧倒的な軍事力に物をいわせ、無差別の殺戮を伴いながら一揆の鎮圧を推し進めていく。

日本の歴史上、外在する絶対的存在としてのカミのイメージがもっとも高揚したのがこの時代の宗教一揆だった。異次元世界にある万物の創造主を想定するキリスト教の思想も、そうした時代思潮を背景として人々に受け入れられていった。救済者としてのカミに向けられた全幅の信頼が、世俗の権力に対する一揆勢力の闘争心の支えとなっていた。一向一揆が平定され、島原の乱（一六三七〜三八年）が鎮圧されたとき、その背景にあった強大な超越者もまたその力を喪失し、カミの内在化という時代の趨勢に呑み込まれて現実世界に溶け込んでいった。

日蓮宗不受不施派《ふじゅふせは》の僧で、江戸幕府と激しく対立した日奥《にちおう》は、「いまこの世界はすべて教主釈尊の御領である。（中略）小国（日本）の君主風情が、どうしてこの釈尊の御領を押領することができようか」（日奥「宗義制法論」『万代亀鏡録《ばんだいきけいろく》』巻三）と述べて、世俗権力を凌ぐ仏の強大な権限を強調した。日蓮宗のなかでも、俗権に対する教権の優越を主張する不受不施派は、非合法化されて歴史の表層から抹殺された。他界の絶対的存在を後ろ盾にして地上の権力と対決するという中世的な構図が、もはや成り立ちえない時代が到来するのである［藤井一九七五］。

このようなプロセスを経て宗教的な理想世界のイメージが内在化・後景化した近世社会では、政治権力の正当性は他界のカミとの関係性によってではなく、純然たる現実社会の力学から生み出されることになった。人間関係の非対称性が、現世内部だけの要因によって再生産される時代が到来したのである。この新たに誕生した幕藩制国家に国制の枠組みと政治的権威を提供したのが天皇だった。

天皇を頂点とする身分序列と天皇が授与する官位・官職の体系は、国家レベルでの秩序を支える最上位の制度として、中世に比して飛躍的に重みを増すことになったのである。

草木国土悉皆成仏

中世後期では、人間の内側だけでなく、自然界のなかにもカミとその働きをみようとする指向性が強まった。その思潮を理論的に裏づけたのが本覚思想だった。草木から岩石に至るこの世の一切の存在に仏性を見出し、目の前の現実をそのまま真理の現れとして受け入れていこうとする立場は、「草木国土《そうもくこくど》悉皆成仏《しっかいじょうぶつ》」という言葉で概念化されて広く流通した［末木二〇一五］。

人間以外の生物や、「非情」（心をもたない）というジャンルで把握される草木が、果たして人間と同じように成仏できるかという問題は、仏教発祥の地であるインドでは主要なテーマにならなかった。釈迦生前の時代を含む初期仏教の段階では、最大の関心事は、人はいかに生きるべきかという問題だった。「草木国土」といった人間を取り巻く存在に視線が向けられ、その救済が議論のテーマとして浮上するようになるのは、東アジアに定着した大乗仏教の世界での出来事だった。

中国隋代の思想家、天台智顗は「一念三千」といわれる法門を説き、この世界のあらゆる存在に仏性が遍く行き渡っていることを論じて、草木や国土の成仏を肯定するための理論的基盤を確立した。天台の思想は九世紀初めに最澄によって日本にもたらされるが、それを万物の成仏という方向に展開したのが平安時代前期の天台僧安然《あんねん》だった。この安然によって、初めて「草木国土悉皆成仏」というタームが生み出された。その先に、現実こそが仏国土＝浄土であるとする本覚思想が開花するのである。

源信に仮託された本覚思想の系譜に位置付けられる『真如観《しんにょかん》』は、「草木・瓦礫《がりゃく》・山河・大地・大海・虚空、みな真如であるから、仏でないものはなに一つない。虚空に向かえば虚空が即仏であり、大地に向かえば大地が即仏なのである」と記している。森羅万象が仏としての本性を具えており、実際に成仏することが可能であるとされるだけではない。万物のありのままの姿が、悟りの相そのものなのである。

理想世界は認知不可能な異次元空間にあったり、現実の背後に隠れたりしているのではない。目の前に広がる光景がとりもなおさず浄土だった。そこにそびえ立つ山が仏だった。逆にいえば、わたしたちが日常目にする自然や事物をおいて、ほかのどこにも求むべき仏や浄土はないのである。

室町時代の歌人心敬《しんけい》は、「まことの歌」のあり方を論じるなかで、あらゆる存在がそのまま法身仏（究極の真理）の顕現であると説いている。仏は定まった形をもつことなく、時に応じて無限に変化し続けるものでありながら、どの瞬間の姿もみな真如を示している。歌もまた特定の形式に束縛されることなく、万物の変化の相に応じた生き生きとした感動を表現することが大切なのである……。

こう述べた後、心敬は知己の僧に「仏とはどのようなものでしょう」と問いかけたときに、「庭前柏樹子《ていぜんはくじゅし》」（庭先の柏《かしわ》）という答えがあったことをあげ、「森羅万象即法身　是故我

4－1　『百鬼夜行絵巻』より
（兵庫県立歴史博物館）

礼一切塵」（法身仏は微細な塵の一つ一つに宿っている。だから、どのようなささいなものでも大切にする）と述べて結びとするのである（『ささめごと』天理本）。

室町時代には古い道具が妖怪に変身する「付喪神《つくもがみ》」が頻繁に出現し、その姿が絵画として表現されるようになる。『百鬼夜行《ひゃっきやぎょう》絵巻』では命を吹き込まれた鍋釜や楽器類、動植物が、あたかも人間のごとく行列をなして練り歩いている（写真4－1）。そうした現象の背景にも、万物に内在する聖性を認めようとする時代の思潮があったと考えられる。

神体山の思想

わたしは第一章で、山に神が棲むという観念は一般化していても、山そのものを神とする見方は古代にはまだ存在しなかったと述べた。山をまるごとご神体とし、それを遥拝する信仰形態の普及は、自然のなかにカミを見出す「草木国土悉皆成仏」の理念が浸透する中世後期をまって、初めて可能となる現象だった。

しばしば日本的な自然観の典型とされる山を神とみなす思想は、決して太古以来の「アニミズム」の伝統ではない。記紀神話において山を人格化して捉える立場は、人間と自然を同次元の存在として、対称性・連続性の関係で把握する発想にもとづくものだった。巍々《ぎぎ》たる山塊や円錐形の里山が人々の畏敬の念を呼び起こすことはあっても、タマ（霊）が宿っているから山を拝むという発想は、古代には存在しなかった。

それに対し神体山の信仰は、カミの自然への内在化というプロセスを経て出現する、高度に抽象化された思想を背景とするものだった。それは中世において、時代の思潮を踏まえて新たに形成された理論だったのである。

「草木国土悉皆成仏」の思想は、仏教という枠を超えて室町時代の芸術の諸分野に広く浸透した。謡曲『遊行柳《ゆぎょうやなぎ》』では、老いた柳の精霊が救済の成就を喜んで舞を披露している。能の世界では桜や柳、芭蕉《ばしょう》などの植物の精がしばしば人の形をとって出現し、人間と会話を交わした。そこでは、「されば柳はみどり、花は紅と知ることも、ただそのままの色香の、草木も成仏の国土ぞ」（『芭蕉』）という言葉に示されるように、四季折々に様相を変える植物の姿がとりもなおさず成仏の相であると説かれた。

これ以外にも、室町期の芸道論には必ずといってよいほど本覚論的な草木成仏の理念が援用され、四季の自然への順応が強調されていく。室町時代の代表的な歌人の一人である正徹《しょうてつ》（一三八一〜一四五九年）は次のような歌を詠んでいる。

ありま山仏の身よりいだす湯に清きさとりもなどかなからん
山もみなもとの仏のすがたにてたえず御法《みのり》をとく嵐かな（『草根集』）

正徹にとっては、山そのものが変わることのない仏の姿だった。山体から湧き出す温泉の清らかさに仏の悟りを思い、木立を吹き抜ける風の音に仏の説法の声を聞くのである。

2　ヒトガミの時代の到来

内に光源をもつカミ

中世はカミが人間の内側に入り込む時代だった。だれもが聖性を内蔵しており、それを発現して神仏になることができると考えられた。しかし、中世前期では、内在するカミという観念はあくまで抽象的な理念の段階に留まっており、万人をカミに引き上げる論理として現実に機能することはほとんどなかった。

人のカミへの上昇（ヒトガミ）はまだ聖徳太子などの選ばれた人間に限られており、それも本地—垂迹の論理によって、彼岸の本地仏との関係で説明されるのが常だった。一般人はまだ救済の対象だった。すべての人間が聖性を内在していても、それを実際に開花させるためには、阿弥陀如来などの外部のカミによる強力な働きかけが不可欠だったのである。

しかし、一三世紀後半からカミのあり方に変化がみえ始める。現実の光景と超越的存在との境目がしだいに曖昧化していく。日常の風景がそのままカミの働きであるように、現実の人間がありのままの姿で仏であることが強調され、そうした認識が思想界の主流を占めるようになる。それは彼岸の超越的存在に媒介されない、新たなタイプのヒトガミの誕生を意味していた。人は救済者の発する光を浴びてカミに上昇するのではない。みずからが内在する聖性によってカミとなるのである。

中世前期のヒトガミは外部（救済者）からの光によって輝く月のような存在だった。それに対し、中世後期のそれは、行灯《あんどん》のように、いかに弱い光であっても内部に光源を有していた。一四世紀ごろを転換点として、日本列島におけるヒトガミのあり方は決定的な変容を生じるのである。

いまわたしは中世前期と後期のあいだに生じるヒトガミの変貌を、成仏のメカニズムを例に挙げて説明したが、それは仏教の世界に留まるものではなかった。中世の諏訪三社の上社では、大祝《おおはうり》（神官のトップ）を神そのものとみなす信仰が行われていた。そこでは、大祝の言葉がそのまま神の託宣と受け取られた。

また、若狭《わかさ》一・二宮では、両神の盟約によって、初代の節文以降、社務神主は神と人とが交互に出現すると信じられていた。「若狭国鎮守神人絵系図」とよばれる絵巻には、奇数代の神主が「神」の姿として描き出されている［黒田（日）一九九三］。

まだ権力者や神官など特殊な人物に限定されているものの、古代の天皇霊のように仰々しい儀式を通じてではなく、人がみずからの意志によって生きたまま神に上昇できる時代が、いま幕を開けることになった。神はだれもが実際に到達可能な地位とされ、神と人との距離はどこまでも接近していくのである。

神と人を連続して把握する思潮を神祇信仰の分野で論理化したのが、吉田神道の祖とされる吉田《よしだ》兼倶《かねとも》（一四三五～一五一一年）だった。兼倶は天地に先立って存在する神の超越性を強調すると同時に、神が万物に内在していることを主張した。人間についていえば、心が神だった。本覚思想が仏と人間との一体性を強調したように、神祇信仰の世界でも神と人との境目が限りなく曖昧化していくのである。

俗世の流入

世俗社会で日常生活を営む普通の人間が実は神仏の姿そのものであるという認識は、聖性を発現してカミに上昇することを目指す宗教的な実践の軽視に結びついた。成仏のためには出家して長期間にわたる超人的な修行を行う必要はなかった。みずからの本性が仏であると直感すればいいのである。

こうした発想は聖なる存在への上昇の道を万人に解放する一方で、一つの大きな問題を引き起こすことになった。信仰の世界への世俗的な要素の侵入である。

いうまでもないことだが、世界中のどこの地域でも世俗から切り離された純粋な宗教の領域はありえなかった。聖職者も生きるためには食べざるをえず、多くの僧侶を抱えれば、それを維持するための組織と財源も不可欠だった。中世前期は、この列島のあらゆる分野で宗教の占める領域がもっとも増殖した時代であった。大量の宗教者を支えていくために、寺院は広大な荘園を維持し、支配し続けなければならなかった。

しかし、他方で日本の中世が信仰世界から世俗的な要素を締め出そうとした時代であることも、紛れもない事実だった。俗化した寺院社会を嫌って大量の遁世者《とんせいしゃ》が生まれ、信仰の純粋化を目指した運動が繰り返し生起した。

その思想的立場は多様だったが、聖なる存在への到達を目指す宗教的実践から、身分や権力や学識といった世俗的要素を極力排除しようとする方向性では一致していた。法然や親鸞が、救済のためには仏の与えてくれた本願の念仏以外は無用であると主張したのも、そうした文脈においてであった。日蓮の専修唱題《せんじゅしょうだい》も道元の只管打坐《しかんたざ》も、権勢や身分とは無縁の論理だった。

中世後期に起こった聖俗二つの領域間での緊張関係の弛緩は、信仰の世界へ世俗の要素が入り込んでくることを許す結果となった。どのような生活を行おうとも、いかなる振る舞いをしようとも、それは仏の姿以外のなにものでもない。日常生活がそのまま修行であると認識される道が、いま開かれたのである。

これは万物の聖化であると同時に、万物の還俗《げんぞく》を意味した。こうした発想は、すでに本願の光による悪人の済度を説いた親鸞の思想にみられたが、彼の場合にはまだ到達すべき理想と現実とのあいだに張り詰めた緊迫感があった。そうした緊張が薄れ、聖と俗との境界が曖昧となり、聖なる世界への俗世の浸透が始まるのである。

権力批判の喪失

聖と俗との境界の曖昧化は、もう一つの点で、列島の思想界に重要な転換をもたらす契機となった。理想世界が現世と一体化したことに伴う、現実社会を相対化し批判する視点の喪失である。

中世前期にみられた信仰至上主義と信心の純粋化を目指す運動は、俗権に対する教権の優位を主張するとともに、信仰世界に向けられた権力の干渉の排除を指向した。日蓮の「立正安国《りっしょうあんこく》」の主張に典型的にみられるように、支配権力の存在意義は正しい宗教を庇護《ひご》することにあった。その任務を放棄するようなことがあれば、支配権力は正統性を失い、王は玉座を追われるだけではない。死後には悪道に堕ちることさえ覚悟しなければならない。中世の文献に大量に出現する天皇の堕地獄譚はそうした思想状況を背景とするものだった。

日蓮の場合、「王法」とよばれた俗権に対する教権（仏法）の優位を主張する根拠となったものが、「釈尊御領観《しゃくそんごりょうかん》」とよばれる独自の世界観だった。日蓮によれば、全宇宙の本源的な支配者は釈尊とよばれる仏だった。この釈尊はインドに生まれた歴史上の人物としての釈迦ではない。根源的真理の擬人化ともいうべき、その本地としての絶対的存在だった。

王は正しい仏法を守護することを条件として、釈尊からその国土の一部の統治を委託されているにすぎない。だから、法華経の行者である日蓮を弾圧すれば、たちまちその地位を追われてしまうのである。先に紹介した法華一揆や不受不施派の日奥の主張は、この日蓮の論理をギリギリまで突き詰めたものだった。

しかし、根源神が目の前の自然に溶け込んでしまったいま、宗教者がカミの権威を後ろ盾にして、この世の権力を相対化するという戦略を取ることは不可能になった。浄土が現世と重なりあったため、理想の浄土に照らして現状を批判するという視座も取りえなかった。それはこの世に残ったカミからすれば、その聖性の水源が枯れてしまったことを意味した。

彼岸の根源神を背後にもたない列島の神仏には、もはや人々を悟りに導いたり、遠い世界に送り出したりする力はなかった。仏も神も、人々のこまごまとした現世の願いに丹念に応えていくことに、新たな生業の道を見出していくのである。

だれもがカミになれるがゆえに、より強大な権力を握る人物が、より巨大なカミになりうる道が開かれた。中世前期のように、他界の絶対者の光に照らされてカミになるのではない。みずからの内なる光源によってヒトガミが発生するのが後期の特色だった。その光源に、身分や地位や権力といった世俗的な要素が入り込み、やがては主要な位置を占めるに至るのである。

差別の固定化

聖と俗との境界の曖昧化がもたらしたもう一つの現象は、差別の固定化だった。人間が集住し共同体が形成されたところでは、成員内部になんらかの差別が生じた。それは権力や権威の有無・優劣として具体化することが普通だったが、今日まで続くもっとも深刻な問題として「穢れ」が挙げられる。この穢れにまつわる差別の問題が浮上してくるのが中世後期だった。

あらゆる事象が聖なるものの顕現とみなされる中世後期に、なぜ差別が固定化し、深刻化するのであろうか。穢れの観念が社会の隅々にまで浸透する時代が中世だったが、前期では例外的に触穢のタブーに拘束されないケースがあった。

『沙石集』巻一に収められた説話である。性蓮房《しょうれんぼう》という上人が母の遺骨を持って高野山に参詣する途中、熱田《あつた》神宮に立ち寄った。所持している骨を憚って門外で参籠していたところ、「大事の客人」として大切にもてなせという大明神の指示により、境内に招き入れられて歓待を受けたという。

このエピソードの次には、承久《じょうきゅう》の戦乱を避けて境内に逃げ込んだ住民たちの間で死亡や出産があったが、大明神はあえて人々の流入を制止しなかったという話が掲載されている。神として「天よりこの国に下る事」＝垂迹は「万人を育み助けるため」であり、本地の慈悲の心が垂迹にまとわりついた習俗としての忌に優先するという立場が、そこには貫かれている。

世間で取り沙汰される穢れに拘泥《こうでい》しないという点では、「鎌倉仏教」の祖師の思想も注目される。すでに述べたように、列島の社会では古代から中世への転換に伴って穢れ意識が肥大化し、そのタブーに抵触する者たちに対する差別意識が強まっていったが、それは女性にも当てはまることだった。

平安中期から女性は穢れた存在であるという見方が広がり、清浄な山に対する立ち入りを制限する女人結界のシステムが生まれた。法然や親鸞は女人罪障の問題にはほとんど論及することなく、男女の区別に触れないまま弥陀の本願による平等の救済を強調した。道元に至っては、女性固有の罪障や女人結界そのものを否定している（「礼拝得髄《らいはいとくずい》」『正法眼蔵』）［平二〇〇二］。

すでに多くの論者が指摘しているように、日本列島における穢れのタブーはその対極にある神仏との関係において肥大化したものだった。その際、中世では穢れ意識を増幅させるこの世の神仏は、彼岸の仏の垂迹にほかならなかった。タブーに拘束されない事例は、いずれも垂迹の背後にいる本地仏＝根源的存在の意思が働いたことによるものであった。穢れの意識が拡大し、差別の網の目が社会に張り巡らされていくようにみえる中世においいて、彼岸の根源的存在との間に直結した回路を設けることによって、それを一気に無化していく道筋が承認されていたのである。

前章で述べたように、鎌倉時代の説話集には、淀川河畔にある交通の要衝・神崎の遊女の長が実は「生身の普賢」であったという話が収められている。非人救済で有名な叡尊は、非人を生身の文殊菩薩にみたてた法会を行っている。弱者や社会の底辺に位置する人々であっても、根源者と結びつくことによって、現世の序列を超えて一挙に聖性を帯びた存在に上昇すると信じられていた。そこでは本地仏が決定的な役割を担っていたのである。

しかし、不可視の彼岸世界と絶対的な救済者のリアリティが色あせていくにつれて、本地仏のパワーによって差別を瞬時に克服する方途はしだいに縮小していった。それは社会のなかで、特定の身分と結びついた穢れと差別意識の固定化につながった。その先に、社会の穢れを一手に背負わされた被差別民が特定の地区に封じ込められ、その刻印を消し去る道を完全に封じられた近世社会が到来するのである。

3　旅立たない死者たち

機能分化する神仏

中世後期に進展する本源的存在のリアリティの希薄化は、人々の関心を再び現世に向けさせる原因となった。人は遠い彼方にあるという理想の浄土も、そこにいて衆生を一瞬のうちに掬い上げてくれるという仏の姿も、もはや共有することはできなかった。彼岸の浄土が、人々を惹きつける吸引力をしだいに喪失していくのである。

近世にも浄土信仰はあった。だが、そこでは仏の来迎はほとんど問題とされず、超越者からのメッセージとしての夢告も重視されなくなる。個人的体験としての来迎仏＝生身仏との遭遇が信仰上の価値を失い、仏像などの定型化した形像の役割が再浮上してくる。

その背景には、中世後期に起こった彼岸の縮小と救済者としての本地仏に対するリアリティの喪失があった。目にみえない他界が縮小し、夢は根源世界の超越者との回路としての機能を喪失した。それはヴィジョンを生み出す神秘体験の水源が断ち切られたことを意味するものだった。

代わって、人々の関心を集めるようになったのが現世での生活だった。いうまでもなく、この世で満ち足りた人生を送ることは人類共通の願望だった。それは日本列島でも時代を超えた課題だった。しかし、中世前期では、大方の人々にとって死後の救済の方がより切実な意味をもっていた。来世での安楽が保証されるならば、この世での生を多少早めに切り上げてもいいと考えられていた。不安定で流動的な生活と、いつ命を落としてもおかしくない危険に満ちた社会が、現世を相対化する認識の背景にあった。

そうした世界観は、人と土地の結びつきが強まる中世後期に入って大きく転換する。下層農民の地位向上に伴って「惣」とよばれる地縁共同体が各地に誕生し、構成員全員によって村落の運営が決定されるシステムが作り上げられていく。豊臣秀吉が行った「太閤検地」は、特定の土地の耕作者を一人に限定することによって、権利関係が複雑に錯綜した中世的な土地支配に終焉をもたらし、小農自立の動きに拍車をかけた。江戸時代には人々の土地への定着が進み、先祖から子孫へと継承される「家」の形成が徐々に庶民層まで下降していった。

江戸時代でも、飢饉に代表される巨大災害は繰り返し人々を襲った。北東北では地域の人口が数年のうちに激減することも珍しいことではなかった。それでも戦乱の世の収束に伴う社会の安定化によって、予測できない事態に巻き込まれて突然命を失う機会は、中世に比べて大幅に減少した。

4－2 「縛り地蔵」（仙台市）

この世での生活自体がかけがえのない価値をもっている、とする見方が広く定着した。太平の世の到来とともに、生きているうちは浮世での生活を精一杯楽しみ、死後のことは死期が近づいたら考えればいいという意識が、人々の心を捉えるようになった。近代まで継続する新たな世界観と価値観の形成である。

中世後期に起こった世界観の旋回は、人生観だけでなく、死後世界のイメージをも大きく転換させた。他界浄土のリアリティが失われた結果、死者は遠い世界に旅立たなくなったのである。代わって、死後も懐かしいこの国土に留まり、生者と交流を継続することが理想と考えられるようになった。カミだけでなく死者の世界においても、この世への回帰が開始され、冥界が俗世の延長として把握されるようになる。現世的な要素が死後世界に入り込んでくる時代が到来するのである。

こうした転換を承けて、神や仏が新たな任務として見出したものが、この世に共生する人と死者の多彩な欲求に応えていくことだった。近世人の願望に応じて、「とげ抜き地蔵」や「縛り地蔵」などさまざまな機能をもったカミが次々と誕生し、「流行神《はやりがみ》」が生まれては消えていった［宮田一九九三］（写真4－2）。他界への飛翔を実現すべく、垂迹との邂《かい》逅《こう》を渇望して一直線に目的地を目指した中世前期の霊場参詣とは異なり、平穏で満ち足りた生活を祈りながら、娯楽を兼ねて複数の神仏を巡拝する巡礼が、中世後期以降の霊場信仰の主流になるのである［佐藤二〇一一］。

呼びかけに応える死者

死後世界のイメージの転換を示す代表的な事例が、室町時代の謡曲である。そこには、死後もこの世に留まる多様な人の姿が見受けられる。

元雅《もとまさ》の『隅田川《すみだがわ》』は、人買いに連れ去られたわが子を尋ねて、その母親が東国に下る話である。母親が探し求めた末に見出したのは、隅田川の辺に設けられた子の墓だった。供養の念仏を称える母の声に、塚のなかから唱和する声が聞こえ、亡くなった子が姿を現すのである。

中世前期の段階では死者のいるべき領域は他界としての浄土であり、この世に残る死者は基本的に不幸な存在と考えられていた。中世後期の能でも、『求塚《もとめづか》』のように地獄で責めさいなまれる幽霊が登場する作品はあった。しかし、能では多くの死者が墓に留まり、人の呼びかけに応じて、あるいはみずからの意志で出現しては生者と会話を交わしている。特別な人間だけが幽霊と化すのではない。『隅田川』の子供のように、ごく普通の人が幽霊となって出現するのである。彼は人買いへの復讐を誓っているわけではない。彼岸への往生を願っているわけではない。ただそこにいるのである。

『采女《うねめ》』では、猿沢池《さるさわのいけ》で入水自殺した采女の幽霊が登場し、旅の僧に成仏のための供養を求める。それに応えて僧は采女を弔い、生きとし生けるものから「草木国土」に至るまでの「悉皆成仏」の道理を述べる。采女は、自分がすでに成仏を遂げて「南方無垢世界」に往生していると述べ、舞いを舞って君が御代を寿いだ後、水の底に姿を消した。

南方無垢世界とは、『法華経』「提婆達多品《だいばだったぼん》」に説かれる浄土で、龍女《りゅうにょ》とよばれる八歳の少女が成仏を遂げたとされる場所である。『采女』では、その南方無垢世界は猿沢池にほかならなかった。采女の幽霊が自殺した池に留まっていることが、とりもなおさず往生の成就であり救済の実現だった。

この世とあの世、現実と浄土の境界が曖昧となっている。遠い浄土への往生を目的とする中世前期の浄土信仰と対比したとき、「往生」や「成仏」の観念がまったく異質なものに変化しているのである。

煉獄の発生

中世前期では、彼岸の浄土を選ぶかこの世の悪道を選ぶか、死者は二者択一を求められた。そうしたなかで、そのどちらにも属さない中間領域が出現し、後期に至って急速にその存在感を増していく。

『春日権現験記』に収められた説話である。興福寺の僧が仏に捧げる花を求めて春日山の奥山に踏み込んでいくと、死んだはずの同僚に出会う。その話によれば、春日の神は本来地獄に堕ちるはずの罪深い僧を、哀れみをもって春日山に留め置いているという。彼らは日に一度の責め苦を受けながらも、修行が成就するまで、この地で生前と同じように学問と修行に励んでいるのである。

救済がまだ成就しない死者たちが山で試練を受けているという話は、比叡山（『日吉山王利生記』）、東大寺（『今昔物語集』巻一九）、宇佐《うさ》（『八幡宇佐《はちまんうさ》宮御《ぐうご》託宣集《たくせんしゅう》』）などについても語り伝えられている。そこでは、悟りを求めてそれぞれの寺社と縁を結びながらも、さまざまな理由によってそれが叶わなかった僧侶が、寺近くの山中で苦しい試練に耐えながら、最終的な救済を待っていた。

フランスの社会史研究者であるジャック・ル・ゴッフは、その著『煉獄《れんごく》の誕生』において、ヨーロッパにおける煉獄出現のプロセスとその意義を論じている［ル・ゴッフ一九八八〕。キリスト教では死後世界として天国と地獄を設定するが、天国の門は狭く、圧倒的に多くの人々は地獄行きを余儀なくされた。キリスト教化されたヨーロッパ社会ではしだいにこうした厳しい選択に対する厭悪感が広がり、それが原因となって一二世紀にその中間領域である煉獄の観念が生まれた。救済を待ち望んで試練を受ける地＝煉獄が、この世界のなかで急速に拡大していくのである。

日本列島とヨーロッパというまったく異なった地域において、ほぼ同時期にこの世のなかに死者の留まる場所が生まれ、それが存在感を高めていく現象は注目される。ヨーロッパの煉獄の代表的な所在地がヴェスヴィオ火山であったように、いずれも山がその地とされたことも興味深い。

煉獄は死後に行くべき善（四聖）と悪（六道）、二つの世界の狭間に生まれた観念であり、中世前期の宗教的世界観の解体を促す重要なステップとなった。そこは厳しく対峙する善の世と悪の世の中間地帯であり、現世に内在する場所であるがゆえに、必然的に当時の世俗社会の諸要素が投影されることになった。

山で試練に耐えている仏教者の日常は、生前の修行生活となにも変わるものではなかった。信仰の世界のまさにその内部で、世俗化が着実に進んでいたのである。

世俗化する死後世界

死後世界がこの世の延長と認識されるにつれて、死者の安寧のイメージも変化していった。死後の理想のあり方が、生者の願望に引きつけて解釈されるようになるのである。

春のお彼岸の折に、京都の西福寺《さいふくじ》で「熊野《くまの》観心十界図《かんしんじっかいず》」を拝観させていただいたことがある。畳一畳を超える巨大な掛け軸形式の曼荼羅である。熊野比丘尼《くまのびくに》とよばれる女性の宗教者がこれを携えて各地を回り、絵解きを行った。このタイプの曼荼羅は、現在全国に六〇幅ほど現存している。

「熊野観心十界図」では、上半分にアーチ型の「山坂」とそこを歩く一対の男女が描かれる。右端の坂下の幼児が成長を遂げながら頂点において社会的な栄達を極め、やがて坂を下るにしたがって年老いていく様が描写されている。その人生に対応するかのように、背景に描かれる木々も新緑から花の季節へ、常緑樹から紅葉へ、そして雪の積もった冬枯れの情景へと姿を変えている。

人生の出発点と終着点を示すかのように、坂の両端にはそれぞれ出産と墓地の光景が配置されている。中央には「心」という一字が置かれ、その上方には阿弥陀仏と聖衆が、下方には地獄などの悪道で責め苦を受けている多数の衆生が描かれている。

ここでは人は、この世において生と死のサイクルを繰り返しているだけで、どこか別の世界に行ってしまうことはない。願うべき浄土も厭うべき地獄もこの世の内部にある。理想の人生は未知の彼岸世界に往生することではない。此土での満ち足りた一生を終えた後、再び生まれ変わってこの世に生を享けることだった。死は生者の世界に復帰するまでのしばしの休養の時間だったのである。

仏はもはや人を他界に誘うことはなかった。生死を超えた悟りへと導くこともない。その役割は、人間が生死どちらの状態でも平穏な生活を送ることができるよう見守り続けることだった。衆生が道を誤って地獄・餓鬼・畜生・修羅などの悪道に堕ちることを防ぎ、万一転落した場合は、手を差し伸べてそこから救い出すことだった。たとえ恐怖や苦難と背中合わせであっても、なじみのこの世界に再生することが人々の願いだった。そして、それを実現するもっとも重要な要因が、十界を内に具えた「心」のあり方だったのである。

4－3 「地獄絵」より
(湯沢市最禅寺蔵)

「十界曼荼羅」とよばれながらも、この曼荼羅に本来の意味での悟りの世界＝「仏界」は存在しない。その背景にあるのは、もはや他界浄土のリアリティを共有できず、遠い浄土への往生を真剣に願うことがなくなった近世人の世界観だった。地獄をはじめとする悪道への転落は、浄土への往生や生死を超えた悟りの障害となるから忌避されたのではない。墓所での穏やかな休息を妨げ、人としての再生を困難にするものであるがゆえに、避けるべき最重要の課題とされた。

江戸時代には、生前に罪を犯した人物が地獄や悪道で苦しんでいる様を描いた地獄絵が数多く書かれた。そこには死後に畜生道に堕ちて、犬・猫・牛などに生まれ変わった姿が描かれている（写真4－3）。当時の人々にとっては、人間から人間へのサイクルを踏み外すことこそが最大の恐怖だったのである。

いかに彼岸の現世化が進んだとはいえ、檀家制度が機能し仏教が圧倒的な影響力をもっていた江戸時代には、死者は仏がいて蓮の花咲く浄土で最終的な解脱を目指して修行しているという中世以来のイメージが、完全に消え去ることはなかった。だが、幕末に向かうにつれて他界としての浄土のイメージがさらに希薄化してくると、死後世界の表象そのものが大きく変化する。死者の命運を司る仏の存在がさらに後景化し、ついには死後の世界から仏の姿が消え去るのである。

長屋暮らしの妖怪たち

他界の世俗化は死者の世界だけではなく、妖怪の世界にも及んだ。江戸時代は日本列島において、妖怪の文化が全面的に花開いた時代だった。一八世紀に入ったころから、江戸では詞書の付いた草双紙とよばれる絵本が流行し、そのなかにさまざまな妖怪が登場する。なかでも黄表紙《きびょうし》というジャンルでは、人々の笑いを引き出すような、ユーモアに富んだ大量の妖怪が描かれた［香川二〇〇五］。

江戸期の妖怪には同時期の死者のあり方に通じるいくつかの特色を見出すことができる。一つは、妖怪が遠い異界や人間が認知できない深淵に住むのではなく、この現実世界内部の手を伸ばせば触れることができるような所に、具体的な姿形をもって居住していることである。二つ目は、ほとんどの妖怪が住所不定ではなく、特定の居場所をもっていることである。

近世の妖怪は死者と同じく、一つの空間を人間と分かち合いながら共存していた。妖怪がみずから進んで人間の世界に越境して来ることはなかった。妖怪がその存在感を示すのは、もっぱら人が妖怪のテリトリーに踏み込んだ場合だった。人の侵犯がリアクションを引き起こすという点において、人間と妖怪の関係は、人間と死者の関係と共通性をもっていた。ただし、殺害して奈落の底に引きずり込むまで復讐をやめなかった幽霊に対し、化物は人を驚かせて楽しむことがせいぜいだった。

江戸の妖怪、とりわけ後期のそれは、愛嬌のある共存可能なキャラクターとしてイメージされていた。妖怪たちも化物としての生を送っていることに、もはや負い目や不幸を感じることはなかった。人と同じように結婚して所帯を持ち、長屋に住んで食事を作ったり子育てをしたりしながら、日々の暮らしを目一杯楽しんでいたのである［カバット二〇〇三］。

4　記憶されることを願う死者

仏の消えた死後世界

死後もこの世に滞在し、俗世と同じような生活を送る人々が増加するにつれて、死者の救済の観念も変化を余儀なくされた。

死者がこの世に留まる原因は、遠い理想世界の観念の消失にあった。それは死者を瞬時に救い取ってくれる絶対的な救済者のイメージの退潮にほかならなかった。仏はもはや人間を高いステージに導く役割を果たそうとはしないのである。

仏に代わって死者をケアする役割を担ったのが、死者の親族たちだった。中世後期から近世にかけて、死者供養に果たす人間の役割が相対的に浮上していく。「熊野観心十界図」でも、施餓鬼などの死者供養を行う遺族の姿が描かれている。

それは、先祖から子孫へと継承される「家」が成立するプロセスと深く連動していた。その運動は早く家が確立する支配階層から始まり、江戸時代には庶民層にまで拡大していく。江戸も後期に向かうに連れて、裕福な商人層や上層農民からより下の階層へと降りていく。

死者のケアの主役が仏から人間へと移行するにつれて、死後の生活のイメージも変化した。人は見知らぬ世界の馴染みのない仏のもとで送る、悟りを目指した慣れない人生よりは、親しかった人々と交流しながら過ごす、衣食住に満ち足りた生活を理想とするようになった。生者が解脱を求めなくなるのと同様に、死者も悟りの成就を願うことがなくなる時代が到来するのである。

仏はもはや人間の認知範囲を超えたどこか遠方の世界にいるのではない。死者が行くべき浄土もこの世のなかにある。死者の安穏は遥かな浄土への旅立ちではなく、現実世界のどこかしかるべき地点にみずからの居場所を見出し、そこで心穏やかに暮らすことだった。しばしの休憩の後、再びこの懐かしい世界に戻ることだった。

現世のなかで、死者に割り当てられた代表的な定住と休息の地が墓場だった。このようなプロセスを経て、「草葉の陰で眠る」死者のイメージが近世社会に定着していくことになるのである。

祖先神への道

親族が死者の供養を継続するためには、死者を記憶し続けることが不可欠だった。親族・縁者が繰り返し訪れて供養を継続することを通じて、死者はしだいに生前の生々しい欲望や怨念を振り捨てて、安定した先祖にまで上昇することができると信じられた。

中世では墓地に埋葬者の名が刻まれることはなかった。死者は直接記憶する人がいなくなると匿名化した。その命運を彼岸の仏に委ねた瞬間に死者の救済は確定するのであり、残された者が死者の行く末を気にする必要はなかったのである。

しかし、遺族が供養を担当するようになると、状況は大きく変わった。死者が墓で心地よく眠り続けるために、生者の側はそれを可能にする客観的条件を整えることを求められた。まず、墓は朝夕ありがたい読経の声が聞こえる寺院の境内に建てられる必要があった。

そのお寺の宗旨がなんであり、読まれる経典がなんであるかは本質的な問題ではなかった。あたかもクラシックカフェで名曲の音色に浸るように、心地よいお経の響きが聞こえることが肝要なのである。こうした認識を背景として、近世初頭には墓地を守るための大量の寺院が新たに造営された［竹田一九七五］。

加えて、縁者は死者が寂しい思いをしないで済むように定期的に墓を訪問したり、時には死者を自宅に招いたりしなければならなかった。死者に満足してもらえるよう、生者の側に細やかな心配りが求められたのである。

故人は死後も継続する縁者との交流を通じて、生前にもっていた生々しい欲望や怨念をしだいに削ぎ落とし、三〇年・五〇年という長い歳月をかけて徐々に神のステージ＝「ご先祖さま」にまで上昇していくと信じられた。死者が救済者の力によって瞬時にカミに変身するのではない。生者との長い交渉の末にカミの地位に到達するのが近世という時代だった。

こうして近世には、子孫を守護するご先祖の観念が成熟していった。人々の思い描く自身の死後のあるべき姿が、見知らぬ遠い場所で悟りを開くことから、この世に留まって生前と同じように子孫と交流し、その行く末を見守り続けることへと変化していくのである。

カミとなった死者が、最終的にどのような命運をたどると考えられていたかは、微妙な問題である。柳田國男の説くように、先祖の霊の集合体と一体化して山の神になる場合もあったであろう［柳田一九九〇］。しかし、大方の人々にとっての人生の理想のサイクルは、十界図にみえるように、冥界でのリフレッシュの果てに、みずみずしい命を持って再びこの世界に生まれてくることだった。神に祭り上げられてしまうよりは、よりよき人生を目指しての再度のチャレンジを望んだのである。

幽霊発生のメカニズム

すべての死者が幸福な死後の命運をたどったわけではなかった。いつの時代も同じだが、近世でも冷酷な殺人と死体遺棄、供養の放棄など、生者側の一方的な契約不履行は跡を絶たなかった。そのため、恨みを含んで無秩序に現世に越境する死者も膨大な数に上った。

有名な『東海道四谷怪談』のお岩や「皿屋敷」のお菊は、いずれも生者の残虐な仕打ちの末に死を迎えた女性たちだった。彼女たちはなんの落ち度もないにもかかわらず命を奪われ、その死体は墓に埋葬されることのないまま放置された。供養が行われることもなかった。やがて幽霊と化した彼女たちによる激しい復讐が開始され、迫害に加担した人物がみな死に絶えるまでそれは止むことがなかった［佐藤二〇一五］。

近世の幽霊は、もとはごく普通の庶民だった。生者が約束を守って供養を継続すれば、死者はおとなしく墓に留まるものと考えられていた。しかし、生者が契約を破棄して無残な仕打ちを加えたとき、死者はたちまち恐ろしい幽霊となって、生者の世界に越境してくるのである。

それぞれの幽霊は明確な復讐の対象をもっていた。その復讐が遂げられないうちは、どのような対応をとっても幽霊は決して満足することがなかった。仏の力をもってしても、その怨念を防ぎ留めることはできなかった。

闇夜に出現する、足をもたない、といった典型的な描写からわかるように、幽霊はまさに幻影そのものだった。わたしは先に、近世になると異次元世界としての他界観念の縮小に伴って、仏の来迎のようなヴィジョンの出現がみられなくなることを指摘した。社会のなかでヴィジョンの占める位置が相対的に低下していくなかで、幽霊の突出ぶりはよりいっそう強烈なインパクトを発揮した。その結果、幻影は、聖なるものの顕現ではなく忌むべきものの出現の代表的なパターンとして、近世の人々の脳裏に定着することになったのである。

中世にも未練を残してこの世をさまよう死霊はいた。平安時代の上流貴族の源融《とおる》は、みずからが精魂込めて作り上げた邸宅に執着して、死後もそこに住み続けていた（『今昔物語集』巻二七)。この話のように、中世の死霊はその大半が、生前に権力をもち栄華を極めた特別な人物だった。その結末も復讐の完結ではなく、仏の力による救済だった。

近世では、ごく普通の庶民だれもが幽霊になる可能性があった。その遺恨の解消に超越的な救済者を介在しない点でも、救いを求めて苦悩する中世の死霊とは異質だった。近世の幽霊が求めていたものは宗教的な次元での救済ではなかった。その目的は自分を無残に殺害して放置した相手に対する復讐の完遂だったのである。

第五章　還俗する来世——近世から近代へ

だれもがカミになれるという理念は幕末には社会に定着し、列島には無数の小さき神々が満ち溢れた。霊場に祀られた人々は幸せな死後を保証され、カミとなることを約束された。カミの叢生《そうせい》は、身分制度を窮屈に感じた江戸時代の庶民が抱く秩序からの逸脱指向の反映であり、同時に彼らがヤスクニの思想に取り込まれていく原因ともなった。

1　大量発生するヒトガミ

湖を見下ろす墓標

会津松平氏の初代である保科正之《ほしなまさゆき》（一六一一～七二年）は三代将軍徳川家光《いえみつ》の異母弟であり、優れた統治能力を身につけた名君として知られている。寛文一二（一六七二）年に亡くなると、その墓は猪苗代湖《いなわしろこ》を見下ろす磐梯山《ばんだいさん》の中腹に設けられた。周辺にはスキー場やリゾートホテルが立地する景勝の地である。正之の死後三年を経た延宝三（一六七五）年、墓所から南に一キロメートルほど下った場所に、彼を祭神とする土津神社《はにつじんじゃ》が建立された（写真5－1）。

いまこの地を訪ねると、神社から正之の墓地に向かって、杉木立のなかを石敷きの参道がまっすぐに続いている。道の突き当たりには、門を挟んで八角形の組み石を載せた墳丘があり、その前に「会津中将源君之墓」と刻まれた大きな墓石が立っている。豪壮だったといわれる土津神社の社殿は戊辰戦争《ぼしんせんそう》（一八六八年）のときに焼失したが、再建された拝殿と本殿、山崎闇斎《やまざきあんさい》の撰文を刻んだ高さ七メートルを超える巨大な石塔が現存する。

5−1　土津神社奥の院

正之は将軍の実子だったが、母が身分の低い女中であったため、信州高遠《たかとお》藩の保科正光《まさみつ》に預けて養育された。後に取り立てられて会津二三万石の藩主となった。正之は吉川惟足《よしかわこれたり》（一六一六〜九四年）を師として吉田神道を学んだ。惟足は天地を主宰する神の聖性がすべての人間心に備わっているとする吉田神道の神学にもとづき、その弟子に神としての尊号を与えていた。生前に惟足から「土津」の霊神号を受けていた正之は、逝去にあたってこの地に神式で祀られることを望んだ。

土津神社のすぐ東には、磐梯山の神を祀る磐椅《いわはし》神社がある。正之は生前この神社を尊崇し、死後は自分も神となって近くに留まり、磐椅の神とともに会津の人々を守りたいと語っていたと伝えられている。正之がみずから選定した永眠の地は、その風光明媚さに加えて、磐椅神社との位置関係が重要な要因をなしていた。土津神社は、いま磐椅神社の末社となっている。

神となる権力者

万人への聖性の遍在という理念が定着した近世社会は、みずからの内なる光源によって多くのカミが誕生する時代でもあった。近世初頭、まずカミになったのは天下人たちだった〔曽根原二〇〇八〕。

宣教師ルイス・フロイスの記録によれば、織田信長は安土城《あづちじょう》に自身を「生きたる神仏」(『イエズス会日本年報』)として祀らせようとしたという。豊臣秀吉は死後、豊国大明神《とよくにだいみょうじん》となり、家康は日光に東照大権現《とうしょうだいごんげん》として祀られた。東照宮はその後多くの藩に勧請されて全国に広がった。

家康を神に祀るにあたっては、山王神道による「権現」号の付与を主張する天海《てんかい》(~一六四三年)と、吉田神道の流儀に従って「明神」とすべきであると説く崇伝《すうでん》(一五六九~一六三三年)の間で激論が交わされた。だが両者とも、他界の超越者の光に照らされてカミとなるのではなく、身体に内在する聖性によってカミに上り詰めると考えるところに、近世的なヒトガミ論としての共通の特色があった。

人にはだれもがカミとなりうる潜在的な可能性がある。実際にカミとなるかどうかを決めるものは、宗教的な条件ではなかった。身分や地位や権力といった生前身に帯びていた世俗的要素が、決定的に重要な位置を占めるのである。

もちろん、近世のヒトガミの場合も、その背景にある超越神がまったく姿を消してしまったわけではない。「明神」も「権現」も、理念的にはその背後に本地仏の実在を前提としていた。日光の東照宮は、その本地仏である薬師如来を祀る本地堂《ほんじどう》（薬師堂）を内部に抱えている。しかし、そこにみられる本地垂迹の論理は、中世とは似て非なるものだった。

東照宮でいう本地仏とは、本地堂に安置されている仏像だった。中世のように仏像そのものを化現とみなし、その背後に本源的な悟りの世界をみるといった発想はここにはない。本地垂迹は次元を異にする二つの世界を垂直に連結する論理ではなく、この世の二つの地点を水平に繋ぐ論理と化しており、東照宮の内部で完結するものとなっている。しかもそこでは、本地の存在感が極限まで後退している。

それは東照大権現が、この世とあの世を仲立ちする役割を完全に停止したことを端的に示す現象だった。近世のヒトガミは、生死を超えた悟りの世界への誘導をみずからの使命とはしなかったのである。

ヒトガミ信仰の浸透

天下人に続いて、江戸時代に神として祀られたのは大名や武士だった〔高野二〇一八〕。先述の保科正之はまさにその典型だった。正之のような有力藩の藩主が死去すると、その霊を祀る廟所が続々と建立されていった。仙台の街を見下ろす経ヶ峯《きょうがみね》には、藩祖伊達政宗《だてまさむね》を祀る瑞鳳殿《ずいほうでん》が建てられた。それらの廟所は単なる墓地としての機能を超えて、各藩における至高の聖地としての意義を与えられていくのである。

特定の人物を聖なる存在に祭り上げる風習は、仏教界にも及んだ。江戸時代の東西本願寺教団では、親鸞の血脈に連なる人物が法主の地位を継承していた。その法主を生仏《いきぼとけ》と仰ぎ、聖なる存在として崇めて浄土往生を祈願することが、門徒の間では広く行われていた。

いまわたしは近世的なヒトガミの代表例として天下人や大名などの権力者を挙げたが、その思想的根拠を提供した吉田神道や山王神道では、一足早く人を神として祀る伝統が形成されていた。吉田神道では、永正八（一五一一）年に初代の兼倶が亡くなるとその墳墓上に社殿が設けられ、神としての祭祀が開始された。そのしきたりは兼倶以降の歴代の当主についても継承されていった。

吉田神道や山王神道に加え、前章で紹介した諏訪三社や若狭一・二宮でも、すでに室町時代から神主を神とする信仰が形成されていた。ただし、そこでは神となるのはあくまでプロの聖職者たちだった。それに対して、純然たる俗人の秀吉や家康が、宗教的なトレーニングを積むことなしに、その世俗的な栄華の延長として神に祭り上げられるところに、新しいタイプのヒトガミの発生を見出すことができる。

これまでみてきたような、教団が主導するプロセスを経て人が神に祭り上げられるケースとは異なり、江戸時代には下からの運動が特定の人物を神にまで上昇させる事例もみられるようになる。その一つが天皇信仰である。

天明七（一七八七）年、激しい飢饉のさなか、京都では御所「千度参り」とよばれる運動が起こった。これは、大衆が禁裏を囲む築地塀《ついじべい》を周回しながら御所を礼拝するというものである。最盛期には日毎の参加者が万単位に膨れ上がったという。参詣者は門前で拝礼を行い、米価安定などの願い事を書いた紙に包んだ賽銭を投げ入れた［藤田二〇一二］。

御所の周辺には参詣者を接待するための施設が設けられ、菓子や酒肴《しゅこう》を扱う多数の露店までが出現した。そこで繰り広げられているのはまさに寺社の縁日の風景そのものであった。集団で参詣し、現世での幸福を祈願する点において、千度参りは伊勢神宮を対象としたお蔭参りにも似ている。天皇は庶民信仰の神々と等質の聖性を身に帯びたヒトガミとして、当時の人々に認識されていたのである。

祀られる庶民

江戸時代も後半になるにしたがってカミになる人々の階層は下降を続けた。カミと崇められるようになる人物が、支配層だけでなく多様な階層から出現するようになるのである。菅江真澄《すがえますみ》の旅行記『都介路廼遠地《つがろのおち》』には、津軽に祀られている福田《ふくだ》の神の由来が紹介されている。

黒石近郊で行われていた堰の工事が暗礁に乗り上げたとき、堰八太郎左衛門《せきはちたろうざえもん》という人物が人柱に名乗りを上げた。太郎左衛門は治水の成功を天地に祈った後、慶長一四（一六〇九）年、地に横たわって鋭く削られた井杭の先端を自分の腹に押し当てると、杭に貫かれたまま埋められてしまった。その後なんの障害もなく工事は完成し、千町の水田に水を引くことができた。以後、土地の人々は太郎左衛門の御霊を神と崇め、堰八明神・福田の神と称するようになった……。

土木工事の際に人柱を立てることは、古代から行われていた。それは多くの場合、神からの供犠の要求であり、人格を奪われた者に対する犠牲の強要だった。それに対し、太郎左衛門はみずから進んで命を投げ出した。その理由も周囲の人々が困り苦しんでいるからであって、神に要求されたからではなかった。彼は聖なる存在への奉仕によってではなく、他者への献身が原因で、地域の人々から神として崇められるに至るのである。

岩手県の陸前高田《りくぜんたかた》市周辺では、江戸時代初期の村上道浄《むらかみみちきよ》という人物が神として祀られている。彼は、気仙川《けせんがわ》の鮭の漁労権をめぐって二つの村が流血の抗争を続けていることを悲しみ、それを諫《いさ》めるために自刎《じふん》して果てたとされる伝説の人物だった。近世社会では、世俗レベルの課題で地域に貢献したとされる人物が、その恩恵を蒙った周囲の人々の手で、超越者を介在することなくカミに祭り上げられていくのである。

山形県の湯殿山周辺には、みずから志して土中入定《どちゅうにゅうじょう》を遂げた即身仏《そくしんぶつ》（ミイラ）が点在していて、いまも人々の信仰を集めている。最初の即身仏となった本明海上人《ほんみょうかいしょうにん》をはじめ多くのケースに共通するのは、入定の年が飢饉の最中だったことである［内藤一九九九］。

湯殿山の入定者の多くは下級武士や農民の出身だった。彼らは過酷な修行を重ね、最後は断食で命を絶った。その目標が「成仏」という言葉で語られている場合もあるが、本来の意味での仏教の悟りの実現でないことはいうまでもない。即身仏になることと引き換えに目指したのは、人々に降りかかる飢饉などの災いを払い、福運を呼び寄せることを可能にする呪力の獲得だった。

即身仏の場合でも、他者の幸福を願ってみずからの命を投げ出した庶民がおり、その志に応えてその人物をカミに祀っていく人々の姿があった。

流行神の盛行

人々に降りかかる不幸を憂い、それをみずからの身に引き受けた覚悟の死によって、神に祭り上げられる人々がいた。他方で、そうした大それた志とは無関係に、日常のささいな問題を解決してくれる、機能の限定されたヒトガミが大量に発生するのが近世という時代だった。

一八世紀の末ごろから、新田《にった》岩松《いわまつ》氏（群馬県）の殿様が描いた猫の絵が鼠除けの効能があるとして、養蚕農家から重宝されるようになった。猫絵だけでなく、鍾馗《しょうき》像も疱瘡《ほうそう》除けの護符として人気を集めた。幕末に至るまで四代の殿様が描いた絵は膨大な数に上り、その分布は海外にまで及ぶという。特別な宗教的訓練を受けていないごく普通の領主が、「呪術師」としての機能をもっていると認識されていたのである［落合一九九六］。

大阪市天王寺区にある一心寺《いっしんじ》の境内にある本多《ほんだ》忠朝《ただとも》の墓には、禁酒を誓う者や酒乱の家族の更生を願う人々が、今日も数多く足を運んでいる。忠朝は徳川家の重臣であった本多忠勝《ただかつ》の次男として生まれた。関ヶ原の合戦で活躍したが、大坂冬の陣では深酒のために不覚をとった。その汚名を返上すべく夏の陣において奮戦し、戦死を遂げた。死の間際、「酒のために身を誤る者を助けよう」という言葉を残したと伝えられており、「酒封じの神」として知られるようになった。

忠朝のようになんらかの問題を抱えていた人物が、死後同じ悩みをもつ人を救済する神に祭り上げられるケースはきわめて多い。頭痛・虫歯・痔疾・眼病の平癒《へいゆ》など、多彩な効能をもつヒトガミが各地に出現した。

江戸南町奉行であった根岸鎮衛《ねぎしやすもり》が自身の聞書を集めた『耳囊《みみぶくろ》』中の一話である。旗本小《お》川茂三郎《がわしげさぶろう》の江戸屋敷の玄関脇にある祠は、痰・咳に効験著しく、これに祈って快癒した人は小豆《あずき》を一袋ずつ奉納するという風習があった。

宝暦の末ごろ、小川氏の家来で長く痰に苦しんでいた山田幸左衛門《やまだこうざえもん》・お霜《しも》という夫婦が、「われわれの死後、痰の症状に悩む者がわれわれを念ずるならば、必ず平癒させよう」という誓いを立てていた。そのため二人が亡くなった後、両者の名から一字をとって「霜幸大明神」として祀り、近隣の人々の信仰を集めるようになったという(『耳囊』巻八)。

同じ『耳囊』には、痔疾に苦しめられた商家の手代が、常々「自分が死んだら同じ病で苦労している人物を救ってやろう」という言葉を口にしていたことから、死後に「秋山《あきやま》自雲神《じうんのかみ》」として崇められるようになった話を収めている(巻四)。

生前の遺志にもとづくこうしたケースとは別に、近世社会では本人もまったく予想しない形で、ある人物が死後神として祀られていく現象をしばしばみることができる。大泥棒として著名な鬼《おに》あざみ清吉《せいきち》や鼠小僧次郎吉《ねずみこぞうじろきち》は、処刑後神として崇められるようになり、その墓はご利益を求める庶民の参詣の対象となった。海岸に流れ着いた水死者が、福をもたらす神として崇拝されるケースもあった。

近世、とりわけその後期は、だれもが状況によってカミとなりうる時代だった。身分階層を超えて、多くの人々がカミになることを志願し、それを実現していった。世俗社会に一歩先駆けて、神々の世界で身分という社会的な縛りが意味を失い始めていたのである。

2　民衆宗教の神々

イキガミとなる庶民たち

江戸時代には市井に暮らすごくありふれた庶民が、自身の意志と周囲の感謝の念によってカミに上昇していく光景が日常化した。それらの人々のなかには、生前から神と称えられる人物（生き神・イキガミ）もいた。

その先駆けともいうべきケースに、「お竹大日《たけだいにち》」がある。竹は庄内出身の貧しい下女で、江戸の商家・佐久間《さくま》家に奉公していた。羽黒山の行者乗蓮《じょうれん》に、その竹がじつは「生身の大日如来」であるという夢告が下った。乗蓮は玄良《げんりょう》とともに、竹を拝むために佐久間家を訪れた――伝承を伝えるテキストによって内容に差異はあるものの、こうした過程を経て、聖性を身に帯びた竹の正体が顕になってくるのである。

竹が寛永一五（一六三八）年に死去すると、主家の佐久間氏は羽黒山にお竹大日堂を建立し、その管理を玄良に委ねた。この堂は、羽黒山麓の門前集落、手向の正善院黄金堂境内にいまもあって、参詣者を集めている。

竹のような庶民出身のイキガミが叢生するようになるのは、幕末以降のことだった。そうしたイキガミを教祖として、黒住教《くろずみきょう》・天理《てんり》教・金光《こんこう》教などの「民衆宗教」が相次いで誕生した。天理教の教祖中山《なかやま》みき（一七九八～一八八七年）、金光教の赤沢文治《あかざわぶんじ》（一八一四～八三年）、丸山《まるやま》教の伊藤六郎兵衛《いとうろくろべえ》（一八二九～九四年）、大本《おおもと》教の出口《でぐち》なお（一八三六～一九一八年）らは、みな農民など被支配階層の出身だった。彼ら彼女らは神の啓示によって新たな境地に到達し、その信仰の布教へと乗り出していくのである。

教祖たちは説明の仕方に違いはあっても、みずからが神であることを認めていた。自称まではしなくても、自身が神であることを否定しなかった。他方で、神としての権威を教祖が独占することなく、広く信徒や庶民の姿のなかに霊性を見出そうとした。

富士講の食行身禄《じきぎょうみろく》（一六七一～一七三三年）は、享保一八（一七三三）年、富士山中の烏帽子《えぼし》岩《いわ》で断食入定を実行した。死に至るまでの日々の教えを綴った「三十一日の御巻」には、富士山＝仙元大菩薩《せんげんだいぼさつ》と人が一体であるという信念を踏まえて、神仏に近いわが身の尊厳が強調されている。また、そうした理念を踏まえて、身分や性差によらない人としての平等が説かれている。

一八世紀前半という時代において、こうした理念がただちに身分制の撤廃といった先鋭な主張に結びつくことはなかった。この身が神と同体であるという思想は、四民の身分差別を否定する方向ではなく、士農工商それぞれにみずからの「業を懈怠《けたい》なく勤」めることによって、「富貴自在の身に生れ増す」＝より裕福になれるという論理へと展開していった。

だが江戸の厳しい身分制度の内側で、神人同体観にもとづいた人としての平等が主張され、その認識が着実に社会に根づき始めていたことは見逃せない。実際に富士講には身分を超えた参加者があり、それは幕府が警戒するレベルにまで達していたのである。

生き神共同体

幕末になると、より自覚的なイキガミの観念が出現する。それがもっとも明確にみえるのは民衆宗教の世界だった。

金光教の教祖赤沢文治は、重病克服の体験を通じて根源神である天地金乃神《てんちかねのかみ》と出会い、それを主神とする信仰共同体を形成していく。金光教に止まらず、中山みきと天理王命《てんりおうのみこと》、出口なおと艮《うしとら》の金神《こんじん》のように、教祖が体験する未知の神との遭遇と一体化は、どの教団でも独自の信仰形成に向かう重要な契機となった。

根源神との対面を果たした文治は、人と神とのあいだを取り持つ「生き神」となった。ただし、金光教では「生き神」は教祖一人に限定されることはなかった。その教団では、文治によって神号を授けられた「直信《じきしん》」も「生き神」として働き、信仰者のなかからさらに多くの「生き神」を生み出していくという構造ができあがっていた。初期の金光教団は、神号を有する信徒によって構成される「生き神」共同体だったのである［桂島二〇〇五］。

金光教における生き神共同体の論理は、世俗の身分秩序を乗り越えようとする明確な指向性を有していた。文治にとっては、「伊邪那岐《いざなき》、伊邪那美《いざなみ》の命も人間、天照大神も人間」であり、当然のことながらその系譜に連なる「天子様も人間」（『金光大神理解』）だった。ここでは人と神を連続的に捉える論理によって、天皇の権威が明確に相対化されているのである。

赤沢文治ら民衆宗教の教祖たちは自身において神の地位を独占することなく、信徒や普通の生活者に等しく神性を見出そうとした。幕藩体制下の身分差別そのものが疑問視されたり批判されたりすることはなかったが、カミとしての尊厳を根拠として、身分や性差に左右されることのない人としての水平性が説かれた。そこでいわれるカミとしての覚醒とは、中世のそれと違って宗教的な意味での悟りではない。一人ひとりの人間が、おのれの職分の遂行を通じて社会のなかで自分を輝かすことにほかならなかった。

これまでも幕末の民衆宗教では、俗世を超越する根源的存在としてのカミがしばしば姿をみせることが指摘されてきた。「強力な一神教的な最高神」の登場とされる現象である［村上一九七二］。ただし、それは中世のような死後世界の救済者や彼岸世界の主宰者ではなく、あくまで現世のカミだった。それは遠い他界にあって一方的に命令を下すよそよそしい存在でもなかった。普遍的な神格であると同時に、人の心に内在してこの世に無数のヒトガミを生み出す源泉、あるいは媒体としての役割を担うものだったのである。

通俗道徳の流通

民衆宗教の時代は、二宮尊徳《にのみやそんとく》（一七八七～一八五六年）、大原幽学《おおはらゆうがく》（一七九七～一八五八年）らの篤志家《とくしか》が農村に入って、下からの運動として村を復興させることを目的とする仕法を実践していたときでもあった。これに先駆けて、石田梅岩《いしだばいがん》(一六八五〜一七四四年)のように、庶民に対して厳しい自己規律と道徳遵守の重要性を説く思想家も現れていた。

安丸良夫《やすまるよしお》は一九六五年に発表した論文「日本の近代化と民衆思想」において、石田梅岩や二宮尊徳の説いた「通俗道徳」を取り上げた。彼は戦後の知識人が「前近代的」として見過ごしてきたこの領域に、江戸時代の庶民層が来るべき近代社会の担い手に成長していく痕跡を見出そうとするのである[安丸一九七四]。

勤勉・倹約・和合という言葉に集約できる梅岩や尊徳の通俗道徳は、一見すると古めかしい儒教的な封建道徳そのものであり、民衆を体制の枠内に封じ込める支配イデオロギーのようにみえる。しかし、民衆はそれを自発的に受け入れ、生活規範として日常的に実践することによってその価値を内面化し、能動的・主体的な人格の形成へと結びつけていった。

安丸はそこに、近代社会形成期に特有の広範な人々の主体形成のプロセスを読み取ろうとする。日本の近代は一握りの特別な思想家や啓蒙主義者の論説から生まれたのではない。その前提には、大衆レベルでの意識改革と自己鍛錬の積み重ねがあったのである。

社会秩序の遵守を求める通俗道徳は、民衆を支配者に都合のよい鋳型にはめ込む役割を果たした。だが、他方では自身が受容している道徳律の普遍性を基準として、支配者や権力者の不正や奢侈《しゃし》を批判しうる視座を提供するものだった。

梅岩の石門心学や尊徳の思想には、人間に内在する可能性を認め社会でそれを発現することを是とする、民衆宗教と共通する人間観を見出すことができる。それは江戸時代に広く受容された、善としての本性を回復すればすべての人間が聖人になれると説く朱子学に通ずる内容をもっていた。それはまた、人がもつ本源的な可能性を肯定し、それを回復するための実践を強調する陽明学とも共通するものだった。

自己の職分を遂行することによってみずからを輝かすことを肯定する新しい思潮が、江戸後期の社会において着実に広がり始めていたのである。

3　現人神への道

浮上する天皇

これまでわたしは、近世がごく普通の人間のなかに神の姿を見出していく時代であること、中世のように絶対者＝本地の光に照らされなくても、みずからの内なる光源でカミに上昇する人物を輩出する時代であることを論じた。江戸後期になると神を自任する者、他の人々によって生きながら祀られる者（イキガミ）が数多く出現する。幕末の民衆宗教は、そのピークに位置するものだった。

他方、江戸後期から幕末にかけて、まったく異なる文脈で人をカミに上昇させようとする論理がしだいに影響力を増していった。山崎闇斎（一六一八〜八二年）に始まる垂加神道《すいかしんとう》とそこに影響を与えた吉田神道が主張する、天皇に奉仕することによって死後神の座に列なることができるという思想である。

先にも論じたように、吉田神道や垂加神道では特定の人物の霊魂に「霊神」「霊社」号を付与して祀ることが行われていた。その系譜から、天皇との関係において人を神に祭り上げる論理が生み出され、実践されていく。

ここでクローズアップされる天皇の聖性は、先ほど紹介した千度参りの対象としての天皇のそれとは、似て非なるものだった。庶民が心を寄せる小さな神々の一つであった千度参りの天皇とは異なり、垂加神道における天皇は人を神に上昇させる媒体として位置付けられていた。天皇は通常の神々を凌ぐ強い威力をもった存在とみなされているのである。

山崎闇斎を始祖とする崎門学派の若林強斎《わかばやしきょうさい》（一六七九〜一七三二年）は、垂加神道の秘伝を論じた『神道大意』において、現人神である天皇に尽くした人間はだれでも、「八百万《やおよろず》の神《かみ》の下座につらなり、君上を護り奉り、国家を鎮むる霊神となる」と記している。これに類する表現は、一八世紀以降の垂加神道関連の著作に散見する。

肉体は滅びても霊魂は永遠に不滅であり、生前の功績によって人は神の世界に加わることができる。霊界でも、現実世界と同様の天皇中心の身分秩序が形成されていた。天皇に対する献身の度合いによっては、現世の序列を一気に飛び越えて天皇の近隣に座を占めることも可能なのである。垂加神道は死後の安心を天皇信仰との関わりにおいて提起した点において、画期的な意味をもつものだった［前田二〇〇二］。

烏伝神道《うでんしんとう》の教祖・賀茂規清《かものののりきよ》は天保一四（一八四三）年、寺社奉行所に意見書『蟻《あり》の念《おもい》』を提出した。この上書において規清は、江戸市中における無縁仏の増加と過去の忠孝者の忘却への対策として、人工の山としての「忠孝山《ちゅうこうさん》」の築造を提案している［末永二〇〇一］。

これは隅田川などの川を浚渫《しゅんせつ》して出てくる土砂を用いて、深川河口に高さ九丈（二七メートル）に及ぶ九段の築山を設けるという壮大な計画である。山上には「御宮」を建て、九段の最上段には瓊々杵尊《ににぎのみこと》・天孫降臨に随伴した三十二神・東照宮・三河譜代の神々・天子を祀る。以下、二段には准后、三段には大臣以上と身分に応じて「国家」の功労者を配し、九段目には農工商の身分の者を祀る。この地は景勝地として整備され、人々の参詣の場であるとともに、行楽地としての機能も果たせるよう考えられているのである。

規清の忠孝山構想は、あらゆる階層にわたって国家に貢献した人物を神として顕彰するとともに、それを東照宮と天皇を頂点とする霊界の秩序に組み込もうとしたものだった。

規清はこの四年後にも、忠孝山の改訂版である「香山《かぐやま》」構想を上申し（『和軍蜻蛉備《やまといくさあきつのそなえ》』）、忠孝の士を永く神として祀ることによって、多くの人々に死後この山に祀られたいという気持ちを起こさせるべきであると説いている。

身分制社会から国民国家へ

幕末に向けてのこうしたタイプのヒトガミないしはイキガミ観念の高揚も、民衆宗教の場合と同様、人間の主体性と可能性を積極的に肯定しようとする時代思潮を示す指標とみなすことができる。垂加神道が天皇、民衆宗教が土着の神という相違点はあったが、いずれもヒトガミ誕生の触媒として、仏教やキリスト教などの外来宗教のカミではなく、日本列島固有のカミが再発見されていくのである。

人々の肯定的な自己認識と上昇指向は、一九世紀には、もはや幕藩体制下での固定化された身分秩序を負の制約と感じる段階にまで到達していた。民衆宗教における世直しの神の探求と垂加神道における天皇の浮上、それと直結することによって現実の秩序をいっきに超越しようとする願望は、いずれも身分差別が解体して「上下無し」と表現される平等社会が実現することを期待する、民衆の深層意識の反映だった〔深谷二〇〇六〕。それは同時代に頻発する一揆や打ち壊しと同じく、平等と平均が成就するユートピア社会を指向す

5－2　「鯰絵」

るものであった。

そうした意識は幕末に流行する、破壊者・救済者という対立する二つの側面をもつ鯰絵《なまずえ》にも読み取ることができる［アウエハント一九八六］。鯰絵はその名の通り擬人化された鯰を主人公とする多色刷りの版画である。安政《あんせい》の大地震（一八五五年一〇月二日）や幕末の動乱といった社会的不安を背景として大量に制作され、配布された（写真5－2）。

鯰絵に登場する鯰は複数のキャラクターをもっているが、単純化すると二つに分けることができる。悪玉＝破壊者と善玉＝救済者である。悪役としての鯰は、地震を起こし社会に被害を与える憎むべき存在である。鯰絵のなかには「鯰退治」というタイトルがつけられ、多数の人々が寄って集って巨大な鯰を袋だたきにしているものがある。

注目すべきは善玉としての鯰である。「世直し鯰」では、人間の姿をした鯰が強欲な金持ちを懲《こ》らしめ、口や尻から溜め込んだ小判を吐き出させている。ここでは鯰は世直しの神だった。

一九世紀の農村では商品作物の生産に対する商業資本の介入が進んだ。貨幣経済の流入と相まって、持つものと持たざるものの格差が広がり、貧農の窮乏が目立つようになった。通俗道徳を旗印にする二宮尊徳や大原幽学らがその仕法を実践したのがこうした村落だったが、その尽力にもかかわらず農村荒廃の大勢をくい止めるにはいたらなかった。

農民の間に、みずからを食い物にして肥太る商人や豪農に対する反感と、差別の拡大を放置する支配者に対する不満が膨らんだ。それは幕末に頻発する一揆や打ち壊しの原因となった。鯰絵もまた、そうした社会不安と権力批判の眼差しのなかから生まれたものだったのである。

人々の肯定的な自己認識と上昇指向は、もはや幕藩体制下の硬直した身分秩序には収まり切らないレベルにまで到達していた。こうした時代思潮を背景にした幕末維新の動乱は単なる政治闘争ではなく、長期間の熟成を経た新たな人間観のうねりが既存の硬直化した身分制度に突き当たり、それを突き破ろうとする大規模な地殻変動だった。

明治維新の原動力として、ペリー来航を機とする日本の国際秩序への組み入れや、下級武士の役割に注目する研究は多い。それは重要ではあっても、あくまで副次的な要因にすぎないとわたしは考えている。幕末維新期の動乱の根底にあったものは、武士層を超えた多様な階層の人々が抱いていた差別と不平等への不満と、そこからの解放の欲求だった。それゆえ体制が代わった後も、「自由」や「平等」を求めてやまない庶民が引き起こす余震は、自由民権運動などの民衆運動に継承されていくのである。

天皇の役割

幕藩体制の崩壊後、ヒトガミ指向が内包していた民衆の能動性をいかにして国家の側に取り込み、国民国家を自発的に支える均質な「国民」を創出していくかが、新たに誕生した天皇制国家の最重要の課題となった。維新政府が取った政策は、ヒトガミに祀られることを希望するという形で噴出していた人々の平等への欲求を、新国家の精神的な機軸となった天皇に対する忠誠に結びつけることだった。

そこで編み出されたものが、身分を超えた常備軍＝国民軍を創出するとともに、その任務をまっとうして天皇のために命を捧げた者は神として再生し、永遠に人々の記憶に留められるという招魂社の論理である。それは垂加神道や国学の系統において論じられ実践されてきた、天皇を媒介とするヒトガミ創出の論理を公認し、国家レベルで大掛かりに実践することを意味した。

招魂社の直接的な源流は、文久二（一八六二）年の高杉晋作《たかすぎしんさく》（一八三九～六七年）の発議によって下関に設けられた桜山招魂場《さくらやましょうこんじょう》に求めることができる。二年後に完成するこの招魂場は、当初長州藩と列強四ヵ国との間で起こった紛争（下関事件）での奇兵隊《きへいたい》の戦死者を供養するためのものであった。のちに吉田松陰《よしだしょういん》（一八三〇～五九年）や山縣有朋《やまがたありとも》（一八三八～一九二二年）など多くの霊が加えられて、現在三九一柱の神霊が祀られている。

霊の依代となる石塔は高さが一メートルほどの四角柱で、頂上部分が四角錐《しかくすい》の形に整えられている。石碑の正面には、「松陰吉田先生神霊」「高杉晋作春風神霊」など個人を特定できる神霊名が刻まれている。支配階層である武士が戦闘集団を構成する従来の軍隊とは異なり、身分を超えた多様な階層によって構成されたところに奇兵隊の特色があった。それは近代国家の国民軍の特色に通ずるものだった。だれもがその名を知る高杉晋作も、名字を持たない庶民層の出身者も、石塔はすべて同じ大きさで統一されている（写真5－3）。

長州藩において確立した招魂祭祀は、やがて新たな段階を迎える。国家による招魂事業の吸収である。

戊辰戦争のさなかの明治元（一八六八）年五月、新政府は嘉永六（一八五三）年以降、「皇運を挽回せんとの至情より尽力」し、「国事」に命を捧げた「諸士および草莽有志《そうもうゆうし》の輩」の「忠魂」を慰めるため、京都の東山《ひがしやま》に祭祀施設の建設を命じた。さらに、新政府はみずからの手で国事殉難者の慰霊を行うべく、翌年には九段《くだん》の地に招魂社を建立し、諸藩から

5-3　桜山招魂場
（下関市）

報告された戦没者三五八八名の霊を招く招魂式を執り行った。靖国《やすくに》神社創建（一八七九年）へと続く国家主導の戦没者慰霊の中心施設が、ここに姿を現すのである。

長州藩の招魂祭祀はともに生死をかけて戦った仲間に対して、せめて出来るだけのことをしたいという人情から生まれたものだった。天皇への忠勤は、視野には入っていたとしてもまだ中心をなす要素ではなかった。しかし、東山の忠魂祭祀を経て東京招魂社に至って、その性格は大きく変わった。天皇に対する命を賭した忠誠が、祀られるための不可欠の条件となるのである。

神としての祭祀を希望するという形で噴出していた人々の上昇と平準化＝「四民平等」への欲求が、ここで新国家の精神的な機軸に据えられた天皇に対する帰依に結びつけられた。「諸士」に加えて、在野の民衆をも包括する「草莽有志の輩」という言葉が記されていることも注目される。

前章で述べたように、彼岸の救済者の観念が後退する近世では、死者の安穏が成就するか否かを分ける最大の要因は記憶の継続だった。死者が祖霊となるまで供養を続けることが、慰霊のための必須の要件だった。しかし、幕末になっても独自の「家」を形成できない身分・階層は多く存在した。記憶し供養してくれる子孫をもたないそうした人々であっても、天皇のために死ぬことによって、国家の手で神として顕彰されるのである。

身分を超えた常備軍＝国民軍を創出するとともに、その任務をまっとうして天皇のために命を捧げた者は神として生まれ変わり、永遠に記憶に留められて祭祀を受け続けるという「ヤスクニの思想」が、ここにその全貌を顕にするに至る［佐藤二〇一五］。靖国神社へと続く犠牲と顕彰のシステムが、近世以来のヒトガミ信仰の系譜を引き継ぎながらも、天皇制国家にふさわしい装いをもってここに再生した。

天皇は民衆を神に変える唯一の媒体でなければならなかったため、その存在はどこまでも神秘化される必要があった。本居宣長（一七三〇～一八〇一年）の時代から広がり始める、身分を超えて人々を包摂する特別の地としての「皇国」の観念が、そうした方向性を裏打ちした［渡辺一九九七］。元首や統治機構の世俗化を伴う近代国民国家形成の一般的傾向とは対照的に、日本において君主である天皇の地位が色濃い宗教性を帯びることになった原因はこの点にあった。

近代天皇制国家が身にまとった宗教性の背景として、かつて日本社会の後進性＝成熟した市民社会の不在に原因が求められていた時代があった。しかし、日本もヨーロッパも近代国家成立期の時代背景にあったのは、身分制に対する大衆レベルでの強い厭悪の感情であり、両者の動きに発展段階の差異を見出すよりは、国民国家に向けての二つの異なった道筋と捉えるべきではなかろうか。

国家は他方で、人々をヒトガミへ引き上げるもう一つの装置であった民衆宗教を淫祠邪教として排撃することによって、民衆を聖別する権限を独占しようとした。とりわけ大本教や金光教など、天照大神を中核とする天皇制のコスモロジーとは異なる神々の体系をもつ教団に対する圧迫は徹底していた。

日本の近代ではその初発から、ヒトガミ信仰に現出する民衆の主体性を根こそぎ国家の側に搦め捕ろうとする天皇制国家と、国家によるヒトガミ創出の占有に抵抗する民衆宗教などの在野勢力との、激しい綱引きが開始されるのである。

現人神への道

近代の西欧において、世俗の権力を相対化する役割を果たしたのがキリスト教だった。中世から近代への転換に伴って、宗教は政治の表舞台から姿を消し、私的領域をその活動の場とするようになった。だがその機能は近代社会において、「国家権力の犯しえぬ前国家的な個人の基本権」として継承され、発展させられていったことが指摘されている［水林二〇〇六］。

個々の人間がもっとも深い領域で超越的価値（レヒト）とつながっているのであり、それはいかなる権力者にとっても不可侵の聖域だった。西欧の近代国民国家ではこうした世界観が共有されていた。

近代の天皇の場合はどうであろうか。現人神となった天皇を何らかの形で相対化できる独立した権威は果たして存在したのであろうか。実際に戦争を体験した世代に聞いてみると、当時天皇を本当に神などとは思っていなかった、という話をよく耳にする。戦前でも天皇は現人神などではなかった、という見方も示されている［新田二〇一四］。

しかし、天皇が表向きは神としてどこまでも神秘化され、その名を用いればだれも異論を挟むことができないような客観的状況があったことは否定できない事実である。天皇の命であるといわれれば、生命を惜しむことすら許されなかった。いかなる宗教教団も、天皇の御稜威《みいつ》を傷つけることは許されず、その権威の風下に立たざるをえなかった。

日本列島において、天皇の権威を相対化し、独自の公的空間を立ち上げる可能性をもった存在が消失した背景には、近世成立期に起こった宗教勢力の徹底した解体と宗教的権威の政治権力に対する屈服があった。法華一揆・一向一揆・キリシタンなど、世俗の権力に対する聖なる権威の優越を標榜する勢力は根こそぎにされ、参加者は老若男女を問わず惨殺された。

ヨーロッパでも一一世紀に始まる叙任権闘争以降、教権と俗権との対立は続いた。世俗権力を巻き込んだ激しい宗教戦争も経験した。しかし、この列島で統一権力が一向一揆やキリシタンに対して行ったような、徹底した殲滅戦《せんめつせん》にエスカレートすることはなかった。神や教会の権威そのものが根底から否定されるという状況は、現出しなかったのである。

カミに根拠づけられた何者も侵すことのできない領域が私人のレベルで近代に継承されていったヨーロッパとは異なり、近世の統一権力の段階で、世俗権力を相対化しうる超越的な規範や理念がこの列島から完全に姿を消していたのである。

江戸後期になって、国学者などによる天皇中心の新国家建設が指向され始めると、それまで幕府などが分担していた政治的な権力と権威の一切を天皇に集中することが目指された。支配秩序の頂点に立つ天皇を正当化するもっとも重要な要因は外在する超越的存在ではなく、神代以来の系譜を汲む神孫としての天皇自身が身に帯びた聖性だった。「現人神」が聖俗の権威を独占して君臨する「神国」日本の誕生は、間近に迫っていた。

「神国」の概念はすでに中世の段階で盛んに用いられていたが、そこでは日本が神国である理由は、仏は遠い世界にいるので、この国では神の姿をとって現れたからとされていた。それゆえ根源的存在が釈迦として化現した「仏国」インドは、「神国」となる必要はなかったのだ。

同じ神国という形容が用いられながらも、近代のそれは、彼岸の超越的存在の前に天皇の機能が相対化されていた中世の神国思想とは、まったく構造を異にするものだったのである［佐藤二〇一八］。

4　死者のいる霊場

ヒトガミとご先祖

中世から近世への転換は、この世から分離していた他界が再びこの世に滑り込んでくるという現象を伴った。カミの世界だけではない。死者のいる彼岸もまた、二度と帰ることのない遠い地に想定されることはなかった。少しだけ足を伸ばせば、いつでも死者に会うことができる時代が到来した。死後世界の現世内化は、世俗的な要素が彼岸に投影されるという結果をもたらした。彼岸の還俗は急速に進行した。

現世と他界の重複は、古代にも見られた現象だった。古代の場合、一応死者のいるべき領域は想定されていたものの、境界が曖昧なままにこの世に死者と生者が混住していた。それに対し近世では、二つの世界に明確な区分線が引かれ、両者の交渉の儀式も事細かに定められた。

過酷な飢饉や天災などによって、しかるべき儀式によって供養されない大量の死者が生まれたとき、両者の間に裂け目が生じて死者が生者の領域に迷い込むことはあった。しかし、社会が安定した近世では、死者は墓石や仏壇などの指定された場所に、おとなしく留まっていることが普通の状態だったのである。

死者は中世のように、絶対的な救済者によって一気に聖なる世界へと引き上げられるのではない。遺族が時間をかけてケアすることによって、安定した状態に到り着くことが望ましいあり方とされた。供養の主体はあくまで人間だった。寺や霊場に鎮座する仏は救済者ではなく、死者が道に迷いそうになったときに手を差し伸べてくれる脇役でしかなかった。

「ご先祖さま」とよばれる最終的な到達点に至りついた死者は、もはや死の穢れを身にまとう存在ではなかった。仏壇ではなく神棚がその所定の住処だった。なかには、子孫の身体を借りてこの世に再生する先祖もいた。時間をかけて丁寧にケアすればだれでもカミに到達できるというのが、死者に対する近世人の共通認識だった。

こうした死生観は、他界の救済者の消失、大量のヒトガミの発生という現象と共通の土壌から生まれたものだった。人間はだれもが内面にカミとなりうる要素をもっている。それゆえ、なんらかの機縁や触媒に触れることによって、容易に聖なる存在に上昇できるのである。

人がカミに上昇するプロセスはさまざまだった。なかには生きながらにしてカミと認められる者もいた。死後短時間のうちに、周囲の有縁・無縁の人々の手でカミに祭り上げられる者もいた。そうしたなかで、一般人の大半がたどるルートは、死後数十年をかけてゆっくりと世俗の垢を落とし、穏やかな目で子孫を見守る存在にまで上り詰めるというものだった。

ヒトガミ製造装置としての民衆宗教を厳しく弾圧した天皇制国家も、江戸初期以来の長い伝統をもち、深く在地社会に根付いていたこのタイプの死者供養を、抑圧することはできなかった。むしろそこにみられる神生成のプロセスを、「ヤスクニの思想」に全面的に吸収しようと試みるのである。

談笑する死者

死者供養でもっとも大切なことは、死者がご先祖さま＝カミに到達するまでその存在を

5－4 「供養絵額」（西来院）

記憶にとどめ、継続的にケアしていくことだった。近世では通常死者は墓地にいると考えられたが、時代が降るに従って多様な記憶装置が設けられるようになり、そのヴァリエーションは近代に入ってむしろ増加した。

『遠野物語』で知られる岩手県遠野市の西来院《せいらいいん》には、幕末から大正時代にかけて奉納された「供養絵額」とよばれる三〇枚ほどの絵が伝えられている。本堂の長押《なげし》上に据えられた大ぶりな絵額には、周辺の村人たちの日常の風景が描写されている。

ここに示した絵には六人の人物が描かれている。右側には夫婦と思しき二人の老人が座っている。その向かいには女性二人が陣取り、若い方の人物が背後の子供たちの様子を気にしながら、盃を差し出す老人に酌をしようとしている（写真5－4）。

全員がよそ行きの着物に身を包んでいる。これが、老人の喜寿を祝う宴の様子を描いたものといわれてもまったく違和感はない。しかし、ここに登場する人物は、絵が作成された時点ですでにこの世に存在しない人々だった。

右奥の床の間の掛け軸に記された戒名と没年がそのことを示している。忌日は明治の後期に集中している。この絵額が奉納された大正五（一九一六）年には、すべての人が鬼籍に入っていた。ここに描かれているのは、時を隔てて亡くなった親族縁者が死亡した時の姿のまま冥界で再会し、楽しく語り合っている様子なのである。

岩手県の遠野地方ではかつて、故人となった先祖たちが集まって生前と同じ姿で談笑している様子を描いて寺に奉納する風習が行われていた。西来院以外にもたくさんの供養絵額が残されている。そこにあるのは、生前に実現できなかった願望を成就した幸せな死者たちの姿である。

人々は皆満ち足りた表情をしている。愛おしく抱きしめる余裕もないままにこの世を去った赤ん坊に、乳を与える母親がいる。子を授からないうちに逝去した女性が、あの世では子供と戯れている。生前と同じ姿で帳簿をつけている商人がいる。猫と遊ぶ少女がいる。百年の時を経ても変わることのない鮮やかな紅や群青《ぐんじょう》は、時の流れに逆らって、切り取られた幸福な一瞬を永遠に引き止めようとしているかのようである。

絵額を奉納した遺族は折々に寺を訪れては、故人が懐かしい人々と再会して、幸せな時間を満喫している様子を確認した。そして、いずれは自身もその幸せな人々の輪に加わることに思いを馳せながら、しばし死者たちとの穏やかな時間を共有したのである。

仏のいない冥界

故人の死後の様子を描いて寺堂に奉納する行為は、遠野地方だけでなく、東北各地に広くみられる風習だった。山形県の村山地方では、若くして亡くなった男女の架空の婚礼姿を寺に納める「ムカサリ絵馬」という習俗が、いまも続いている。

天童《てんどう》市街を見下ろす高台に位置する若松寺《じゃくしょうじ》には、明治三一（一八九八）年に制作された絵馬が納められている。絵の右端に、髪を短くした色白の新郎が座っている。彼と向かい合うように、婚礼衣装に身を包んだ新婦の姿がある。その表情は綿帽子に隠れて読み取ることができない。媒酌人と親族であろうか、二人を囲むように、正装した五人の男女が描かれている。

このうち、新郎はかつてこの世に実在した人物である。彼は何らかの原因で、若くして命を落とした。遺族たちは、一人前の証とみなされていた結婚式を挙げることなく亡くなったこの青年を憐れみ、架空の式の様子を描いて奉納した。彼はこの絵が奉納されて以来ほぼ百年もの間、実人生では経験することのできなかった至福の時間のなかに身を浸し続けているのである。

序章で触れたように、青森県の津軽地方では夭折した若者の魂を慰めるために、花婿・花嫁人形を奉納する儀礼が行われている。金木の川倉地蔵尊にある人形堂には、ガラスケースに納められた膨大な数の人形が安置されている。

東北地方で行われている、死後の光景を再現して寺院に奉納する風習は、仏教の教えにもとづくもののように思われる。しかし、そこに描かれた世界はあくまで現世の延長であり、仏教的なアイテムは皆無である。なによりも仏の姿がない。

これらの死者供養は古めかしい習俗を引き継いだもののようにもみえるが、じつは江戸時代にはほとんどなかったものであり、どれほど遡っても幕末までがせいぜいだった。これは近代になって創作された儀礼だったのである。

不可視の浄土の実在を信じる中世的なコスモロジーから、五感で認識できる世界がすべてと考える近代的なそれへの転換は、新しい思想・宗教の導入や権力者の命令によって一気に上から進められるようなものではなかった。数百年という時間をかけて、個々人の意識のもっとも根底のレベルで徐々に進行していったものとわたしは考えている。

よく幕府や各藩で導入される儒学が現世肯定の思潮を作り出したという説明がなされる。だが因果関係はむしろ逆で、現世一元論的な方向に向かって動き出したコスモロジーに対応する形で、それに適合的な生の哲学としての儒学がクローズアップされていったとみるべきではなかろうか。

平田篤胤の死後世界観

江戸時代に入り修養の学として一躍時代の寵児《ちょうじ》となった儒学だが、死生観に関していえば一つ大きな問題を抱えていた。当時の大方の日本人が納得できるような死後世界のイメージを提示できなかったことである。

日本儒学の主流となった朱子学では、人間の体は宇宙を構成する「気」が集まって構成されていると説明される。死ぬとその気はしだいに離散してしまうため、やがてその人物の痕跡は完全に消滅してしまう。死後も霊魂は残るが、遠からずして先祖の霊の集合体と一体化するため、特定の人物が単独で長く祀られることはなかった。

容易に想像できる通り、こうした世界観は一部の知識人に受け入れられることはあっても、大衆に広く受容されることは不可能だった。江戸時代の人々には、死者の個性が早々に失われてしまうという儒学の教説はあまりにもドライに感じられた。それよりも、生前の面影を残した故人が長く身近に留まって、親族縁者と長く交流を続けるという仏教者の説法の方が、はるかに心に安らぎをもたらすものだったのである。

やがて儒学者たちもこの致命的な弱点に気づき、死後世界の存在を認めた上で、死者との交流を肯定する方向に教理の修正を図る［本村二〇一六］。しかし、仏教が圧倒的に大きな影響力をもっている社会状況のなかで、習俗のレベルで大衆の葬送文化に入り込むことは容易ではなかった。

江戸時代に花開く現世中心主義に対応する体系的な死生観は、仏教以外の思想でいえば儒学ではなく、日本のよき伝統を継承すべきことを主張する国学の系譜から生み出された。なかでも大きな役割を果たしたのが幕末の思想家、平田《ひらた》篤胤《あつたね》（一七七六〜一八四三年）だった。

本居宣長の弟子を自任していた篤胤は、鬼神や死者の住む異界に対して強い関心を示した。彼が校訂した『稲生物怪録《いのうもののけろく》』という書物には、広島県三次《みよし》市に住む稲生武太夫《いのうぶだゆう》という若い武士が襲い来るさまざまな怪異と戦う様子が、絵入りで詳しく記されている。

篤胤は死後の世界として、大国主神《おおくにぬしのかみ》が支配する「幽冥《ゆうめい》」界を想定する。幽冥は極楽浄土のような遠い場所にあるのではなく、わたしたちのいるこの世（顕世《うつしよ》）と重なるように存在している。この世から幽冥界は認知できなくても、暗い場所から明るいところはよくみえるように、あちら側からこの世はよくみえるのだ、と篤胤は二つの世界の関係を説明する。

死後の魂の行き先である幽冥界は大国主神の支配する地だが、宗教色は極めて薄く、この世の延長のようなところだった。篤胤は『霊《たま》の真柱《みはしら》』という著作のなかで幽冥界のことを詳しく説明しているが、その末尾で自身の死後について触れている。

篤胤は自分も死んだら幽冥界に行くものと考えていた。そこには先に逝《い》った篤胤の妻も住んでいて、篤胤を迎えてくれるのである。篤胤は貧しい自分に尽くしてくれた生前の妻の姿を思い返しながら、あの世で二人して宣長のもとを訪れ、みんなで四季折々の景色を楽しんでみたいと述べている。篤胤にとって冥界とは懐かしい人々と再会し、心ゆくまで交流を深めることのできる地だった。

篤胤が思い描く幽冥界の風景は、供養絵額や花嫁人形の世界、そしていまの大方の日本人がイメージする死後の世界と驚くほど似ている。そこで目にする景色は世俗社会そのものである。罪人を苛む獄卒や人を救済に導く仏はいない。そこには四季の移り変わりもあった。人々は自然の風景を愛で、親族や友人との交際を楽しみながら、現世と変わらない日常生活を送っている。

このような現世の延長としての死後世界は、江戸時代の後期から幕末にかけて、ジャンルを超えてさまざまな思想書や文学作品のなかで頻繁に描き出されるようになる。東北の霊場にみられた花嫁人形などを奉納する習慣の背景には、江戸時代を通じて進行した冥界の世俗化とそのイメージの確定があったのである。

霊場に集うものたち

かつてこの列島上には、そこに行けば確実に故人と会うことができる約束の場所が無数に存在した。川倉地蔵尊をはじめとする各地の霊場は、そのスポットの一つだった。人々はそこを訪れる日を指折り数えて待ち続け、故人と対面するために花と香を用意し、短い旅の支度を整えた。七夕を待つ織姫と彦星のように、死者との定期的な対面を楽しみにするたくさんの人々がいた。死者と対話できる多くのスポットが、死者の記憶を支える機能を果たしていたのである。

いまも夏の東北地方で行われている、モリ供養とよばれる儀式がある。序章で紹介したように、お盆のころになると人々は山に登り、身近な死者を偲んでその後生善処を祈念するのである。亡者たちの霊魂がモリの山と呼ばれる里山に留まっていて、親族が望めば死者と交流できるという観念がその背景にあると説明される。

今日では常識として受け入れられている死者が籠もる山という観念の存在を、最初に体系的に論じたのは柳田國男だった。柳田によれば、日本人には、死者の霊が手の届かない天国や極楽に行ってしまうという感覚はなかった。霊魂はあくまでこの世界内部の、かつての生活空間の近辺に留まり、再び人界に生を享けるまでの間、折に触れて縁者たちとこまやかな交渉をもち続けた。それは仏教伝来以前に遡る日本列島固有の観念だった［柳田一九九〇］。

しかし、わたしのみるところでは、この風習もまた中世に遡ることはなかった。死者を記憶し慰めるための手段が多様化する近世、おそらくはその後期以降に形を整える慰霊の儀式だった。

子孫を守護する先祖の観念が成熟していくのが近世という時代だった。それに伴って、人々の思い描く自身の死後のあるべき姿が、見知らぬ遠い場所で悟りを開くことから、この世にいたまま、生前と同じように子孫と交流し続けることへと変化していく。やがて「ご先祖さま」となり、冥界でのリフレッシュの果てに、みずみずしい命を持って再びこの世界に生まれ来ることが理想の人生のサイクルと考えられた。この生と死を貫く壮大なストーリーが、誰もが経験したことのない死を、人が穏やかな気持ちで受け入れていくことを可能にした。

世俗社会での生々しい怨念や欲望を引きずった死者が満ち溢れる墓場と違って、霊場には不幸な死者はいない。そこにいるのは、すでにカミとなった者であり、カミになることを約束された者たちだった。それを裏づけるのが、婚礼や親しい者同士の語らいに示される死後世界での幸福な風景だった。

故人が住む霊場にはさまざまな神仏がいた。彫像・画像という形式で表現された霊場の神々は、もはや絶対的な威力を身に纏う救済者ではなかった。六道輪廻の巷から生死を超えた悟りの世界へと、衆生を橋渡しすることを使命とするのではなく、死者たちがそこで穏やかな日々を過ごすことができるように気を配り、支援してくれる存在だった。

万一死者が足を踏み外して悪道に堕ちたときには人間世界へと引き戻し、カミにまで上昇することを助ける役割を背負わされていた。生きている人間に対しては、先祖と同様にそのささやかな願いに耳を傾け、寄り添いながら願望の実現に尽力してくれる存在と信じられていたのである。

わたしたちが本書の冒頭でみた、鳥居に仕切られた結界の内部にいるのは、これらの死者、神、仏などからなる小さなカミたちであり、その予備軍だった。最初に仏教の仏と神道の神があり、それらが融合して霊場を作り上げたのではない。ジャンルや由来を異にしながらも、聖性と機能を等しくするこれらの小さき神々は、近世から近代にかけて、だれもがカミになりうるという思潮を土壌として生み出された時代の申し子たちだったのである。

終章　神のゆくえ

1　コスモロジーという視座

古今東西の世界を見渡したとき、カミ（超越的存在）をもたない種族や民族はいまだかってなかった。カミは国家に先行して存在した。カミは人類にとって、常にもっとも重要なパートナーだった。人はなぜカミを求めるのであろうか。カミを必要とする人間とは、いったいどのような存在なのだろうか。

人文科学の究極の目的は、「人間」というこの不可解な生物の本質を解き明かそうとするところにある。そのため、遠い過去から一貫して人間に寄り添い続けてきたカミは、この問題を考えるための恰好《かっこう》の切り口と考えられた。中世の神学では、カミの存在証明が最重要の課題だった。近代のアカデミズムの世界でも、哲学・宗教学・歴史学など多くの分野において、カミに関する膨大な研究が蓄積されてきた。

それは日本列島についても同様だった。日本におけるカミの研究はその多くが、高度な文明化を達成した今日もなお、この列島上に無数の足跡を残す「神」の解明に向けられてきた。天照大神をはじめとする賀茂・春日・八幡などの全国区の著名な神から、村や街に点在する小社や祠、家ごとの神棚の神や竈神に至るまで、あらゆるタイプの神についてさまざまな視点からアプローチがなされてきた。

だが、研究方法の多様性にもかかわらず、そこには一つの前提が共有されていた。それは神に「土着の」、あるいは「固有の」という形容詞を冠して捉える見方である。それは必然的に、神を解明することは「日本人の心性」を明らかにすることであり、時代が推移しても変化することのない「日本文化の本質」を探り出すことであるという認識を生み出すことになった。

それは日本の神をめぐる豊かな成果につながる一方、研究の著しい偏りを生じさせる原因となった。なかでも、日本の神を太古以来の伝統的な存在と規定することから派生する、歴史的視座からの神研究の不在は大きな問題だった。それは同時に、神道を日本固有のものとみることによる列島内部のカミの多様性の看過と、海外他地域との比較研究の拒否という態度を生み出す要因ともなった。

かつて長きにわたって、有史以前の神の実態を復元するための基本史料として、『古事記』と『日本書紀』がその位置を占めてきた。記紀に代表される残された文献から、文献以前の列島の神々の生態を類推するという方法が取られてきた。他方、民俗学などの分野では、今日残存する民俗的事例を根拠として、山の神信仰や磐座祭祀の源流を縄文社会に結びつける見方が示された。

それに対し、近年、考古学の発掘成果によって、文献以外の資料から太古の時代に列島に暮らした人々の生活の実態が明らかにされている。祭祀に関わると推定される遺跡や遺物を通じて、当時の人々の信仰のあり方を復元する試みも盛んである。

本書では、そうした最新の研究動向と成果に目配りしながら、先史時代まで視野を広げ、この列島において聖なるものが立ち上がり、変貌していくプロセスに光を当てようとした。また、聖性を独占しようとする試みのなかから世俗社会の内部に非対称性が生じ、権力が発生する様子をたどった。

論を閉じるにあたって、本書の概要をまとめるとともに、それが現代社会を生きるわたしたちにとってどのような意味をもつかを考えてみたい。

姿を変えるカミ

この列島に住む人々が最初に人間を超越する存在（カミ）を認知したのは、他の地域と同様、畏怖の念を抱かせる自然現象や驚異的なパワーを有する野生動物に対してであったと推測される。

カミは当初、カミと認識された個別の事象と不可分のものとして把握されていた。雷電や噴火という現象そのものが、カミとして畏怖の対象となった。特殊な能力を持った動物たちも、一つひとつの個体がそのままカミだった。畏敬の念を起こさせる巨石や大木も、それ自体がカミと認識されていた。

そうした原初的なカミの観念は、やがて次のステップに移行する。個々人が自然界にある具体的なモノや特定の現象にカミを感じる段階を超えて、カミの形象化が始まる。カミの像の誕生である。新石器時代に登場する土偶がそれに相当する。像の発生は集団によるカミのイメージの共有＝信仰の形成を意味した。

像としてのカミの登場に続く現象は、その抽象化だった。神像それ自体を完結したカミとみるのではなく、その背後に「タマ」などとよばれた、霊異を引き起こす不可視の存在としてのカミを想定する段階への転換である。

日本列島ではこの転換は、いまから四五〇〇年ほど前の縄文時代の後期から徐々に進行したものと考えられる。聖なる存在がこの世に実在する具体的なモノから分離し、モノをカミたらしめる存在へと、その抽象化・不可視化が進行していくのである。

おりしも墓地が集落から切り離されて独立することによって、地理的にも空間的にも自立した死者の世界のイメージが立ち上がってくる時代だった。タマと霊魂が、動物・植物・遺体といった物質の拘束から解放されて理念化され、習合しながら超越性を高めていった。それらの目にみえない存在によって構成されるもう一つの世界のリアリティが、人々に共有されていくのである。

そうしたカミ観念が次に変化をみせるのは、七世紀後半のことだった。所在地が定かではなく、祭りのときだけ呼び出されていたカミが、この頃から特定のスポット（神社）に常駐するようになる。天皇もまた死後は山陵に留まり、「天皇霊」として国家と天皇を永遠に守護し続けるものとされた。古墳時代に淵源をもつヒトガミが、明確な輪郭を示すようになるのである。

カミの定住化は、その信仰形態にも変化をもたらした。祭りの場にカミを呼び出す形から、寺社参詣のように、人間がカミのもとに出向いて礼拝するという形式への移行である。カミは一方的に祭祀を受ける存在となり、公的な祭礼の場からカミと人との対話が消えた。権力と権威の担い手が、カミの言葉を取り次ぐシャーマンから、カミの託宣の解釈権を独占する王へと移行するのである。

救済者へ

古代までは、神・仏を含む日本列島のカミは現世内的存在であるとともに、徹底して外在的であり、人と対峙するものだった。それに対し、超越者に対する思弁の深化の果てに、人間に内在する聖性が発見されていくのが中世という時代だった。

その際の思想的な素材を提供したのが仏教だった。仏教の論理を用いて、一〇世紀後半からある種のカミ（仏）が絶対的存在＝救済者にまで引き上げられていった。その結果、人間の世界（現世）から根源神の世界（他界）が分離するとともに、その膨張が進行する。強大化する仏に対抗するかのように、一部の日本の神もまた救済者へと上昇を開始する。現世と理想の浄土が緊張感をもって対峙する世界観が構築され、それまで人間と一つの空間を分かち合っていた神仏が、あの世とこの世に振り分けられていくのである。

こうして古代における「霊異」に代わって、中世になると、現世での生を突き抜けた真実の人生の探求と理想世界への到達＝「救済」が最大の関心事として浮上する。カミの世界の再編のなかで、この世に残った一部のカミは、人々をあの世に誘うべく出現した根源神の化身として位置づけられていく。仏像や春日・日吉をはじめとする日本の神々、聖徳太子・弘法大師などの聖人が彼岸の本仏の化現＝垂迹とされ、人々が浄土への往生を求めてその鎮座する地＝霊場に殺到するのである。

救済者としてのカミに対する思弁の進展は、他方では被救済者としての人間についての考察の深まりをもたらした。そうした思索の果てに、万人がもつ内なる聖性が発見されていく。それは最初、仏教で用いられる「仏性」という言葉で概念化された。次いでその対抗言説として、神祇信仰者の側で「法性神」「本覚神」などとして論理化される。

根源的存在はその超越性ゆえに、草木国土をはじめ森羅万象に遍在している。それは人間にも及んでいる。人はおのれの心中に聖性を発見し、それを発現することによって、みずから聖なる高みに上ることができるのである。

中世前期においては、内在するカミという観念はあくまで理念の段階に留まっており、万人をカミに引き上げる論理として実際に作動することは稀《まれ》だった。人のカミへの上昇は、他界の救済者との関係で説明されるのが常だった。一般人はまだ救済の対象だった。

しかし、中世も後期に入り、彼岸世界のリアリティが色あせるに従い、人が絶対的存在の光に照らされることなしに、世俗的な功績と内なる光源によってカミに上昇する事例が急増する。その先に、天下人の神格化が発生するのである。

ヒトガミ時代の開花

衆生を彼岸へ導く役割を免除された近世の神々は、本地―垂迹というくびきから解放されることによって、現実社会におけるその活動の範囲と機能を飛躍的に拡大した。人々のこまごまとした欲求に応える、機能分化した膨大な数のカミが生まれては消えていった。死後の安穏も特権的な役割ではなく、カミの担う多様な機能の一つとなった。

救済者としての使命を放棄した江戸期の小さな神々は、もはや通常の人間とその本質を異にする存在ではなかった。根源的存在の光に照らされることによってではなく、生前に達成した世俗的な事績によって、だれもがカミとなりうる時代が到来した。善としての本性を回復すればすべての人間が聖人になれると説く朱子学の論理や、人がもつ本源的な可能性を肯定し、それを顕現するための実践を強調する陽明学も、こうした思想状況を背景として社会に受容されていくのである。

近世の初頭、まずカミになったのは豊臣秀吉や徳川家康などの天下人だった。次いで、天皇や殿様がカミとされ、江戸時代も後半になるにしたがってカミになる人々の階層も下降した。

ヒトガミのラッシュは、幕末に叢生する民衆宗教においてピークを迎える。そこでは教祖が聖性を独占することなく、生活者のありのままの姿に神性が見出された。幕藩体制下の身分制そのものが批判されることはなかったが、カミとしての尊厳を根拠として、身分や地位に左右されることのない万人の平等が説き出されるのである。

普通の人間が、生前の意思や努力によってカミになることができる時代が到来した。カミとしての覚醒は、中世人が追求した、生死の超越という宗教的な意味での悟りではなかった。個々人が、おのれの職分を遂行することを通じて社会のなかで自分を輝かすことを意味した。こうして幕末には、彼岸の真理世界を光背にもたない無数の神々が叢生する。

それは死後世界から、神や仏などの救済者が姿を消していくという現象につながった。死者はハスの花の咲く浄土で、仏に見守られて最終的な解脱を目指して修行しているのではない。衣食住に満ち足りたこの世の異界で親族縁者と再会し、楽しく語り合っているのである。

幸福な人生を送れなかった者も、生前にカミになれなかった者も、遺族による長期間の供養を通じて、最終的には神的存在＝「ご先祖さま」にまで上昇すると考えられた。霊場は神仏に守られた聖域ゆえに、より確実に死者をカミに到達させることのできる場所と信じられた。

いかに不幸な生涯を送ったとしても、ひとたびそこに祀られた死者はもはやただの亡者ではない。カミになることを約束された者たちだった。この世への再生を待ちわびながら、現世では実現できなかった幸福な生活を満喫しているのである。

いま霊場を結界する鳥居の奥にあるのは、宗派や神・仏・死者といった区分を超えた、これらの小さきカミが寄り集う世界だったのである。

コスモロジーという視座

日本列島における聖なる存在は、縄文時代から今日に至る数千年の歴史のなかで、いくども変身を繰り返してきた。

カミが個々の具体的な事物や事象に即して把握される段階から、抽象化が進み、目にみえないものとされる段階への転換があった。不可測な意思をもつ善悪を超えた祟り神から、明確な目的意識に裏づけられた救済者への転身があった。外在するものから、人間に内在するものへの移行があった。「神」「仏」「天」といった区分を超えて、日本列島のカミはこうした変貌を体験してきたのである。

日本の神を、列島のカミ観念の変容というコンテクストから切り離し、あたかもそれ自体において独自の進化を遂げてきたもののごとく捉える理解が、いかに実態からかけ離れたものであるかは明白であろう。またアニミズムやタマの崇拝を日本の神信仰の核心とみなし、太古からの連続性を強調する見方も適切ではない。同じ「アニマ」という言葉で表現できそうにみえるものでも、その内実は時代によって大きく変化しているのである。

列島における聖なるものの歴史は、多色の水が帯状に並行して流れる一つの川に例えることができる。「神道」「仏教」という一つの色の行方を追いかけようとしても、周囲の色との境界は曖昧で常に変化し続けている。周りの水と混じりあって、それ自体の色を変えている。川全体が刻々とその性質を変容させているのである。

こうした変貌をもたらした原因はなんであろうか。個別的な事件や国家の方針の転換、外来文化の移入など、さまざまな要因があげられる。列島外部からの新たな思想や文化の流入が重要な役割を果たしたことはいうまでもない。しかし、もっとも根源的なものは、列島の精神世界の深層で進行した人々が共有する世界観＝コスモロジーの旋回であると、わたしは考えている。

日本列島では、人がカミ・死者といった超越的存在と同じ空間を共有するという古代的な世界観は、一一世紀を転機として大きく舵を切る。超越的存在に対する思弁の深化と体系化＝神学の形成が、ある種のカミを絶対的存在＝救済者にまで引き上げていく。人間の世界（現世）からの救済者の世界（他界）の分離とその膨張が始まる。古代的な一元的世界観から、中世的な二元的世界観への転換である。

神学の分野では救済者のいる彼岸世界のイメージがどこまでも膨らみ、その様子が事細かに描き出されるようになった。この世とあの世が緊張感をもって対峙する世界観が構築された。救済者の住む他界こそが求めるべき理想郷とされ、この世はそこに到達するための仮の世であるという認識が人々の間で一般化した。肌の色や言語の違いを超えてこの世の人々を包み込む普遍世界が、現実世界の背後に実在すると広く信じられるようになった。

こうした世界観が主流となった地域では、宗教的権威は他界にいる特定の超越的存在に一元化され、世俗の支配者である王のもつ神秘的な権威は低下した。即自的な聖性を失った王は、彼岸の超越者の権威を分かち与えられることによって、初めて王として承認されるという歴史的段階が到来する。亡き王をカミとして葬る壮大な墳墓は意義を失い、代わって彼岸のカミの権威を誇示する宗教建築が贅を尽くして建立されていくのである。

この世とあの世を峻別《しゅんべつ》し、絶対的存在のいる浄土への到達を理想とする中世的世界観も、やがて転換期を迎える。人々の間から彼岸世界に対するリアリティが消え失せ、往生浄土への切迫感が失われていく。江戸時代の人々は、もはや死後に見知らぬ他界に旅立つことを最終目的とは考えなかった。まずは浮世の生活を存分に楽しみ、死後もこの世の片隅に眠って、子孫と親しく交渉を続けることが理想とされるようになるのである。

人間が実際には体験できない超越的世界を、抽象的な思弁のみによって再構成しようとする中世神学は、自然界に対する人々の知見が広がり、その仕組みを実証的に解き明かそうとする精神が勃興するにつれて徐々に存在する足場を狭められていく。地域や民族を超えて人々が絶対的存在の懐に抱かれているという感覚が失われ、カミは個々人の内面のレベルの問題とされた。共同体の紐帯《ちゅうたい》としての機能を喪失したカミに代わって、近代国民国家では、ナショナリズムが人々の心をつなぎ止める役割を果たすようになる。

日本の場合、国民統合の中心的機能を担った存在が天皇だった。身分差別からの人々の解放の願望がヒトガミへの上昇という形態を取って現出したため、人をカミに移行させる役割を与えられた天皇の地位は、他の国民国家と較べて著しく濃厚な宗教的色彩を帯びることになった。

社会構造の変動に伴うコスモロジーの変容は日本列島固有のものではなく、さまざまなヴァリエーションをもちながらも、世界の多くの地域に共通してみられる現象であるとわたしは考えている。一回限りの偶然の出来事や外来思想・文化の影響が、カミの変貌を生み出すのではない。社会の転換と連動して、精神世界の奥底で深く静かに進行する地殻変動が、神々の変身という事件を必然のものとして招き寄せるのである。

神道の位置

「仏教」や「神道」の思想は、基本ソフトとしてのコスモロジーによってそのあり方を規定される応用ソフトのような存在だった。

日本列島の思想と文化変容の背景として、これまでさまざまな見解が示されてきた――「仏教の受容が現世否定の思潮を生み出した」「中世神話形成の背景に道教があった」「ヒトガミ信仰を生み出したのは吉田神道である」など。

しかし、わたしはこの説明の仕方は逆であると考えている。はじめに基本ソフトとしてのコスモロジーの変容があった。それが応用ソフトとしての個別思想の受容と展開のあり方を規定するのである。

たとえば、応用ソフトとしての仏教の受容を考えてみよう。九世紀初頭に成立する『日本霊異記』は日本最初の仏教説話集として知られているが、そこで説かれる仏教の霊威はすべて超人的なパワー、「霊験」だった。その威力の源は、神の場合と同様、「清浄」性の確保だった。悟りへの到達＝生死を超えた救いというコンセプトは、まったくみられない。

こうした仏教受容のあり方は、この世と次元を異にする他界を想定できない古代の一元的コスモロジーに規定されたものだった。仏教の因果の理法も人間の生死も、この世界の内部で完結するのである。そこに真理の覚醒といった概念が入り込む余地はない。

生死を超越した悟りが大方の人々にとっての到達目標となるのは、不可視の他界の実在がリアリティを伴って人々に共有されるようになる中世を待たなければならなかった。個々人の救済をどこまでも探求する「鎌倉仏教」誕生の前提には、こうした新たなコスモロジーの形成があったのである。

神道もまた、わたしは基本ソフトではなく、応用ソフトと捉えるべきであると考えている。古代には神は外在し、人間に対峙する存在だった。清浄を好み霊威をもたらす神の機能は、『日本霊異記』に説かれた仏のそれとまったく等質だった。その神が、中世の伊勢神道では宇宙の根源的存在として救済者の役割を果たすと同時に、人間に内在する聖性とみなされるようになる。仏教の受容が現世否定の思潮を生み出し、浄土信仰を高揚させたのではない。コスモロジーの展開が大乗仏教の本来の形での受容を可能にし、伝統的な神のあり方を変化させるのである。

日本の神を日本列島固有の存在であると主張しても、それ自体は無意味な議論ではないにせよ、そこに神をより広い舞台に引き出すための契機を見出すことは不可能である。方法としての「神仏習合」も同様である。日本の神を世界と繋げるためには、神を読み解くためのより汎用性の高いフォーマットが求められている。わたしが本書で試みたものは、まさにそうしたフォーマットの追究だった。

2　目に見えぬものたちと生きる

カミと公共空間

かつて人々は死者を大切な仲間として扱い、対話と交流を欠かさなかった。死者だけではない。神や仏など目に見えぬもの、人を超えた存在と空間・時間を分かち合い、そのために都市と社会のもっとも重要な領域を提供した。

わたしは今世紀に入ったころから、各地の史跡をめぐり歩くようになった。よく行くのは古都や神社仏閣である。国内だけでなく、ヨーロッパの中世都市やインドの寺院、インドネシアのボロブドゥール、カンボジアのアンコール・ワットなどアジアの遺跡もたびたび訪れた。

わたしたちは都市というと、人間が集住する場所というイメージをもっている。しかし、実際に古今東西の史跡に足を運んでみると、街の中心を占めているのは神仏や死者のための施設である。

中世ヨーロッパでは、都市は教会を中心に建設され、教会には墓地が併設されていた。日本でも縄文時代には、死者は集落中央の広場に埋葬された。有史時代に入っても、寺社が都市の公共空間の枢要に位置する時代が長く続いた。そうした過去の風景を歩いていると、現代が、日常の生活空間から人間以外の存在を放逐《ほうちく》してしまった時代であることを、改めて実感させられる。

前近代の日本列島では、人々は目に見えない存在、自身とは異質な他者に対する生々しい実在感を共有していた。神・仏・死者だけではない。動物や植物までもが、言葉と意思の通じ合う一つの世界を構成していた。超越的存在と人間の距離は時代と地域によって異なったが、人々はそれらの超越的存在＝カミのまなざしを感じ、その声に耳を傾けながら日々の生活を営んでいた。

カミは単に人とこの空間を分かち合っていただけではない。社会のシステムが円滑に機能する上で不可欠の役割を担っていた。定期的に開催される法会や祭礼は、参加者の人間関係と社会的役割を再確認し、構成員のつながりを強化する機能を果たした。祭りという大きな目的に向けての長い準備期間のなかで、人々は同じ集団に帰属していることが決して偶然ではないことを自覚し、自分たちをここに居合わせるようにしむけたカミのために、一致協力して仕事を成し遂げる重要性を再確認していくのである。

緩衝材としてのカミ

自分たちの周囲を振り返ってみればわかるように、人間が作る集団はそれがいかに小さなものであっても、その内部に感情的な軋轢《あつれき》や利害の対立を発生させることを宿命としている。共同体の人々は、宗教儀礼を通じてカミという他者へのまなざしを共有することによって、構成員同士が直接向き合うことから生じるストレスと緊張感を緩和しようとした。

中世に広く行われた起請文には、集団の秩序維持に果たした神仏の役割が端的に示されている。起請文とは、ある人物ないしは集団がみずからの宣誓の真実性を証明するために、それを神仏に誓った文書であり、身分階層を問わず膨大な数が作成された。起請文の末尾には監視者として神仏が勧請され、起請破りの際にはそれらの罰が身に降りかかる旨が明記された。双方の言い分が対立したとき、起請文を作成した上で二人を堂社に籠もらせ、先に体に異変が起こった方を負けとする方法もしばしば取られた。

だれかを裁かなければならなくなったとき、人々はその役割を超越的存在に委ねることによって、人が人を処罰することに伴う罪悪感と、罰した側の人間に向けられる怨念の循環を断ち切ろうとした。カミによって立ち上げられた公共の空間は、羊水のように集団に帰属する人々を穏やかに包み込み、人間同士が直にぶつかりあうことを防ぐ緩衝材の役割を果たしていたのである。

神の支配する地

カミが緩衝材の機能を果たしていたのは、人と人の間だけではなかった。集団同士の対立が極限までエスカレートすると、人はその仲裁をカミに委ねた。前近代の日本列島では、村の境界や日照りの際の川からの取水方法をめぐって共同体間でしばしば紛争が生じ、死傷者が出ることも珍しいことではなかった。その対立が抜き差しならないレベルにまで昂まったときに行われたものが、神判とよばれる神意を問う行為である。

神判の代表的なものに、盟神探湯《くかたち》がある。これは熱湯のなかに手を入れてなかの小石などを拾わせるものであり、対立する双方の共同体から代表者を選出し、負傷の程度の軽い方を勝ちとした。両者に焼けた鉄片を握らせる鉄火という方法もあった［清水二〇一〇］。勝利した側に神の意思があるとされ、敗者側もその裁定に異議を差し挟むことは許されなかった。神の実在に対するリアリティの共有が、こうした形式による紛争処理を可能にしたのである。

前近代の日本列島では、深山や未開の野には神が棲むと考えられていた。そのため、そこに立ち入ったり狩りを行ったりするときには土地の神に許可をえる必要があった。かつて猟師の世界では、狩りのために山に立ち入るにあたって数々の儀礼を行うことが不可欠とされてきた。また山中でも、言動をめぐって多くのタブーが存在した。

その背景には、人の住まない山は神の支配する領域であり、狩りという行為は神の分身、あるいは神の支配下にある動物を分けていただく儀式という認識があった。そのため、狩りの対象は必要最小限に留め、獲物のいかなる部位も決して無駄にしないように努めなければならなかった。それが乱獲を防ぎ、獲物をめぐる集団同士の衝突を防止する役割を担ったのである。

国家の間を埋めるもの

　カミは海峡を隔てた国家の間においても、緩衝材としての役割を果たしてきた。第一章で取り上げた朝鮮半島との間に浮かぶ沖ノ島には、四世紀以来の長期にわたる祭祀の跡が残されている。日本から朝鮮半島と大陸に渡ろうとする航海者たちは、この島に降り立って、その先の海路の無事を神に祈った。

　島も大海原も、その本源的な支配者はカミであると信じられていた。かつて辺境の無人島はその領有を争う場所ではなく、身と心を清めて航海の無事を静かにカミに祈る場所だった。島だけではない。王の支配する国家の間に広がる無人地帯も、その本源的所有者はカミだった。人が住まない場所はカミの支配する領域だったのである。

　だが、近代に向けて世俗化の進行とカミの世界の縮小は、そうしたカミと人との関係の継続を許さなかった。人の世界からは神仏だけでなく、死者も動物も植物も排除され、特権的存在としての人間同士が直に対峙する社会が出現した。人間中心主義としてのヒューマニズムを土台とする、近代社会の誕生である。

　近代思想としてのヒューマニズムが、人権の拡大と定着にどれほど大きな役割を果たしたかについては贅言《ぜいげん》する必要もない。しかし、近代化は他方で、わたしたちが生きる世界から、人物間、集団間、国家間の隙間を埋めていた緩衝材が失われていくことを意味した。体に棘《とげ》をはやした人間が狭い箱に隙間なく詰め込まれ、少しの身動きがすぐさま他者を傷つけるような時代が幕を開けた。

明治期の北海道に典型的なように、カミが支配した山や大海や荒野は「無主」の地とよばれ、人間の支配の手が伸び、分割され目にみえない境界線が引かれた。荒涼たる砂漠や狭小な無人島の帰属をめぐって、会ったこともない「国民」間で負の感情が沸騰するような現象が日常化するのである。

3 重なり合う生と死の世界

生と死のあいだ

人間を包み込むカミの実在を前提とする前近代の世界観は、そこに生きる人々の死生観をも規定していた。

わたしたち現代人は、生と死のあいだに明確な一線を引くことができると考えている。ある一瞬を境にして、生者が死者の世界に移行するというイメージをもっている。だがわたしたちにとって常識となっているこうした死生観は、人類の長い歴史のなかでみれば、近現代にだけみられる特殊な感覚だった。

前近代の社会では、生と死のあいだに、時間的にも空間的にもある幅をもった中間領域が存在すると信じられていた。呼吸が停止しても、その人は亡くなったわけではない。生と死の境界をさまよっていると考えられたのである。

その期間の周囲の人々の言動は、背景にあるコスモロジーと死生観に強く規定された。日本列島についていえば、身体から離れた魂が戻れない状態になったときに死が確定すると考えられていた古代では、遊離魂を体内に呼び戻すことによって死者を蘇生させようとする試みがなされた。不可視の理想世界(浄土)が人々に共有される中世になると、死者を確実に他界に送り出すことを目的とした追善の儀礼が行われた。死者が遠くに去ることなく、いつまでも墓場に住むという感覚が強まる近世では、亡者が現世で身にまとった怒りや怨念を振り捨て、穏やかな祖霊へと上昇していくことを後押しするための供養が中心となった。

前近代の社会では、生と死が交わる領域は呼吸が停止してからの限られた期間だけではなかった。生前から、死後の世界へ向かう助走ともいうべきさまざまな儀礼が営まれた。死が確定して以降も、長期にわたって追善供養が続けられた。生と死のあいだに一定の幅があるだけではない。その前後に生者の世界と死者の世界が重なり合う長い期間があるという認識が、前近代の人々の一般的な感覚だった。

生者と死者は、交流を続けながら同じ空間を共有していた。生と死そのものが、決して本質的に異なる状態とは考えられていなかったのである。

闇の世界としての冥界

こうした前近代の死生観と対比したとき、近代が生と死のあいだに往還不可能な一線を引くことによって、生者の世界から死を完全に排除しようとした時代であることが理解できるであろう。

いまの日本では死は周到に隠蔽され、人間でも人以外の動物でも、生々しい死体を直接目にする機会はほとんどなくなってしまった。普段の食事で、牛や鳥や魚の死体を口に運んでいるという感覚を持つことはまずありえない。だれもが死ぬという当たり前の事実すら、公然と口にすることを憚る風潮がある。

いったん人が死の世界に足を踏み入れてしまえば、慌ただしい形式的な葬儀を終えて、親族はただちに日常生活に戻ってしまう。別世界の住人であるがゆえに、死者はもはや対等の会話の相手とはなりえなかった。死者の側の能動性は失われ、生者による一方的な追憶と供養の対象と化してしまうのである。

かつて人々は死後も縁者と長い交流を継続した。それは、やがて冥界で先に逝った親しい人々と再会できるという期待に裏打ちされた行為だった。それはまた、自分自身もいつかは墓のなかから子孫の行く末を見守り、折々に懐かしい家に帰ってくつろぐことができるという感覚の共有にほかならなかった。「供養絵額」や「ムカサリ絵馬」のように、死者の世界を可視的に表現した記憶装置も数多く作られた。

死後も親族縁者と交歓できるという安心感が社会のすみずみまで行き渡ることによって、人は死の恐怖を乗り越えることが可能となった。そこでは死はすべての終焉ではなく、再生に向けての休息であり、生者と死者との新しい関係の始まりだった。死はだれもが経験しなければならない自然の摂理であることを、日々の生活のなかで長い時間をかけて死者と付き合うことによって、人々は当たり前のこととして受け入れていったのである。

しかし、死者との日常的な交流を失った現代社会では、人間の生はこの世だけで完結するものとなった。死後世界はだれも足を踏み入れたことのない闇の風景と化した。ひとたび死の世界に踏み込んでしまえば、二度とわが家に帰ることはできない。親しい人、愛する人にも、もはや会うことは叶わないのである。

宮城県で長年にわたって緩和ケアの仕事に従事し、二〇〇〇名の患者を看取った故岡部健医師は、みずからがガンになって死を意識したときの心境を、次のように語っている。

がん患者になったとき、痩せた山の尾根を歩いている気分だった。（中略）晴れ渡った右の生の世界には、やれ化学療法だ、やれ緩和医療だ、やれ疼痛管理だとか、数えきれないほどの道しるべが煌々と輝いていた。

ところが、反対側の死の世界に降りていく斜面は、黒々とした闇に包まれ、道しるべがひとつもないのだ［奥野二〇一三］。

近代人にとって、死は現世と切断された孤独と暗黒の世界だった。死がまったく道標のない未知の道行であるゆえに、人は生死の一線を越えることを極度に恐れるようになった。どのような状態であっても、患者を一分一秒でも長くこちら側の世界に留めることが近代医学の使命となった。いま多くの日本人が生の質を問うことなく、延命を至上視する背景には、生と死を峻別する現代固有の死生観があるのである。

異形の時代としての近代

これまで述べてきたように、近代社会の特色は、この世界から人間以外の神・仏・死者などの超越的存在＝カミを、他者として放逐してしまったところに求めることができる。

中世でも近世でも、人と死者は親密な関係をたもっていた。神仏もはるかに身近な存在だった。近現代人は「世界」といった時に、あるいは「社会」といった時に、その構成員として人間しか頭に思い浮かばない。しかし、中世や近世の人々の場合は違った。そこでは人間だけではなく、神・仏・死者・先祖など、不可視のカミをも含めた形でこの世界が成り立っていると考えられていた。

動物や植物も同じ仲間だった。カミはときには人間以上に重要な役割を果たす、欠くべからざる構成員だった。人がカミの声を聞きその視線を感じ取っていた時代の方が、人類の歴史のなかでは圧倒的に長い期間を占めていたのである。

ヨーロッパ世界から始まる近代化の波動は、公共圏から神や仏や死者を追放するとともに、特権的存在としての人間をクローズアップしようとする動きだった。これは人権の観念を人々に植え付け、人格の尊厳の理念を共有する上できわめて重要な変革だった。近代に確立する人間中心主義としてのヒューマニズムが、社会の水平化と生活者の地位向上に果たした偉大な役割は疑問の余地がない。

しかし、他方でこの変動は深刻な問題を惹き起こすことになった。カミが公共空間を生み出す機能を停止したことに伴う人間間、集団間の緩衝材の消失であり、死後世界との断絶だった。その結果、絶海の無人島の領有をめぐって国民間の敵愾心が高揚するような異様な時代が到来した。かつてのように親族が重篤者を取り囲んで見守り、その穏やかな臨終と死後の安息を祈る光景は姿を消し、生命維持装置につながれた患者が、本人の意思にかかわりなく生かされ続けるような姿が常態化することになったのである。

4　ゆるキャラの逆襲

社会に引き戻されるカミ

およそこれまで存在した古今東西のあらゆる民族と共同体において、カミをもたないものはなかった。信仰の有無にかかわらず、大方の人にとってカミはなくてはならない存在なのである。

わたしたちが大切にする愛情や信頼も実際に目にすることはできない。人生のストーリーは可視の世界、生の世界だけでは完結しない。たとえそれが幻想であっても、大多数の人間は不可視の存在を取り込んだ、生死の双方の世界を貫くストーリーを必要としている。

かつて人々は神仏や死者を大切な仲間として扱った。目に見えぬものに対する強いリアリティが共同体のあり方を規定していた。それゆえ、わたしたちが前近代の国家や社会を考察しようとする場合、その構成要素として人間を視野に入れるだけでは不十分である。人を主役とする従来の欧米中心の「公共圏」に関わる議論を超えて、人間と人間を超える存在が、いかなる関係をたもちながら公共空間を作り上げているかを明らかにできるかどうかが重要なポイントとなる。これまでの歴史学の主流をなしていた人間による「神仏の利用」という視点を超えて、人とカミが密接に関わり合って共存する前近代世界のコスモロジーの奥深くに錘鉛を下ろし、その構造に光を当てていくことが求められているのである。

いま日本列島においても世界の各地でも、現実社会のなかに再度カミを引き戻し、実際に機能させようとする試みが始まっているようにみえる。二〇一三年秋、わたしは「介護と看取り」をテーマとするシンポジウムに参加するため北京を訪れた。終了後に、中国のホスピスの現状をみせていただくために万明医院という病院を訪問し、スタッフと懇談する機会をもつことができた。

万明医院では病院の内部に、「往生堂」という名称の一室が設けられ、重篤な病状に陥った患者がそこに運ばれて、親族の介護を受けながら念仏の声に送られてあの世に旅立つシステムが作り上げられていた。敷地内の別の一室では、故人の遺体を前に、僧侶を導師としてたくさんの人々が念仏を称えていた。その儀式は数日間続けられるという。霊安室と死者の退出口を人目のつかない所に設けることによって、生と死の空間を截然と区別する日本の病院を見慣れていたわたしにとって、病院内に生の世界と死の世界が混在することの光景は、たいへん衝撃的だった。

終末期医療や心のケアに宗教を介在させようとする動きは日本でも起きている。その代表的な運動が、東北大学をはじめ多くの大学で進められている臨床宗教師の育成である〔谷山二〇一六〕。「臨床宗教師」は、キリスト教文化圏におけるチャプレンに相当する存在で、「被災地や医療機関、福祉施設などの公共空間で心のケアを提供する宗教者」をいう。その育成講座には、仏教、キリスト教、神道、新宗教などさまざまな信仰者が参加している。

宗教者であることが基本的な資格であるが、自宗の優位を公言したり布教や伝道行為を行ったりすることは禁止されている。宗教者としての経験を生かし、相手の価値観を尊重しながら、みずからの病や親族の死などによって心に重荷を負った人々に寄り添い、看取りやグリーフケアを行うことを任務とするものである。東北大学病院緩和ケア病棟など、国公立の病院でも臨床宗教師の採用が進められている。

日本でも中国でも、現代医療のあり方に対する反省に立って、医療の現場にカミを導入しようとする活動が始まっている。最先端の科学技術が君臨する場において目に見えぬものたちがどのような役割を果たしうるのか、今後の動向が注目される。

増殖するゆるキャラ

息の詰まるような人間関係の緩衝材として、新たに小さなカミを生み出そうとする動きも盛んである。一九九〇年代から始まるスピリチュアリティや精神世界の探求のブームは、そうした指向性の先に生まれたものだった。ペットブームもまた人間関係の緩衝材を求める人々の無意識の反映と考えられる。

もう一つ、わたしがいまの日本社会で注目したい現象は、列島のあらゆる場所で増殖を続けるゆるキャラである。もちろんディズニーのミッキーマウスをはじめ、動植物を擬人化したキャラクターは世界中にみられる。しかし、その数と活動量において、日本のキャラクターは群を抜いている。これほど密度の濃いキャラクター、ゆるキャラの群生地は、地球上の他の地域には存在しない。

大量のゆるキャラが誕生しているということは、それを求める社会的需要があるからにほかならない。それはなにか。わたしは現代社会の息の詰まるような人間関係のクッションであり、ストレスの重圧に折れそうになる心の癒やしだと考えている。

ミッキーとハグしたくて、震災後再開したディズニーランドを真っ先に訪れたという類の話はいくらでも存在する。精神的に追い詰められたときでも、他人に心を開き甘えることは容易ではない。しかし、ゆるキャラに抱きつくことならさほど抵抗はない。ゆるキャラとの出会いが、心に溜まった澱を一挙に昇華するカタルシスとなるケースもあるのである。

現代社会におけるゆるキャラは、小さなカミを創生しようとする試みであるとわたしは考えている。この社会からカミを締め出した現代人は、みずからを取り巻く無機質な光景におののいて、その隙間を埋める新たなカミを求めた。その先に生まれてきたものが、無数のキャラクターたちだった。群生する大量のゆるキャラは、精神の負荷に堪えかねている現代人の悲鳴なのである。

欧米諸国と比べれば、日本列島はいまだに自然とカミと人との連続性、対称性を強く保持する社会である。かつて死者が風になって空中を飛翔する「千の風になって」という歌が大ヒットした。道端には何を祀るとも知れない無数の祠があり、野の花が生けられている。都市のここかしこに神社や祠が残っていて、祈りを捧げる人の姿がある。

東日本の各地にある草木供養塔は、山仕事を行う人々が伐採した草木を供養するために建立したものであり、針供養の行事などとともに、人間と草木・無生物を同じレベルの存在として把握しようとする日本人の発想方法を反映する現象である。しかし、その日本でもカミは着実に存在感を弱めつつある。

二一世紀に生きるわたしたちは、近代の草創期に思想家たちが思い描いたような、直線的な進化の果てに生み出された理想社会にいるのではない。近代化は人類にかつてない物質的な繁栄をもたらす一方で、人間の心に、昔の人が想像もしえなかったような無機質な領域を創り出した。民族差別の言説や弱者へ投げかける罵倒の言葉が、いまネット上に溢れている。

この問題の深刻さは、すでに述べた通り、それが文明の進化に伴って浮上したものだといういうことにある。いまそこにある危機が近代化の深まりのなかで顕在化したものであれば、人間中心の近代ヒューマニズムを相対化できる長いスパンのなかで、文化や文明のあり方を再考していくことが必要である。

わたしは前近代に帰れ、といっているのではない。過去に理想社会が実在した、などといっているのでもない。どの時代を切り取っても、苦悩と怨嗟《えんさ》の声はあった。いまわたしたちが生きる世界を見直すために、近代を遥かに超える長い射程のなかで、現代社会の歪みを照射していくことの重要性を論じているのである。

これまでの歴史のなかで、カミは人にとってプラスの役割だけを果たしてきたわけではない。カミが人を支配する時代が長く続いた。特定の人々に拭いがたい〈ケガレ〉のレッテルを貼って差別を助長したのもカミだった。カミの名のもとに憎悪が煽られ、無数の人々が惨殺されるという愚行が繰り返されてきた。それはいまも続いている。

人類が直面している危機を直視しながら、人類が千年単位で蓄積してきた知恵を、近代化によって失われたものをも含めて発掘していくこと、それこそがいまわたしたちに与えられている大切な課題なのではないだろうか。

あとがき

縁あって本書を手に取り紐解かれた方は、その中身に驚かれるに違いない。『日本人と神』というタイトルから推測される、日本の神に関する穏当な概説書というイメージを裏切って、みたことも聞いたこともないような説が延々と展開されているからである。

この地球上に、いまだかつて神をもたない民族はなかった。なぜ人は神を求めるのであろうか。こうした疑問から、神の問題を人文学の重要課題と捉えるに至ったわたしは、それを研究者としての自分が追究すべき最終的なテーマと考えるようになった。

二〇一二年に岩田書院から刊行した『ヒトガミ信仰の系譜』では、超越的な存在（広い意味での神）を研究している国内外の研究者と問題意識を共有すべく、日本の神研究について独自のフォーマット化を試みた。仏教、キリスト教、イスラム教研究者とも、同じ土俵に立って議論できる形を目指した。しかし、意気込みも虚しく、結果は悲惨だった。この本は、学界ではまったく見向きもされなかった。

ただ一つ救われたのは、本書が海外の研究者の注目を集めたことである。英語・韓国語・中国語に翻訳して出版された。複数の言語に訳されたことをきっかけにして、世界各地の研究集会に招待していただき、国外の研究者と建設的な議論を行って、親交を深めることができた。

『ヒトガミ信仰の系譜』は問題意識が先行して、内容的に多くの課題を抱えたものであったことは否定しがたい。しかし、わたしがこの本で試みた方向性は、いまでも間違っているとは思っていない。

日本の神については、神道学・日本史学・宗教学・民俗学・日本思想史学など数多くの分野で、膨大な研究の蓄積がある。わたしはそれらの伝統分野における研究成果について深い敬意を抱いており、多くを学ばせていただいた。しかし、学問研究の国際化が進むいま、その成果を海外に開いていく努力が求められている。そのためには日本人にしか通用しない常識を前提として、閉じられた国内の学界で議論するだけでは不十分である。日本の神研究は、国境を超えてだれにでも理解してもらえるような、より汎用性の高いフォーマットへの転換が求められている。

わが国の人文学の学問の大勢は、海外の研究成果をいち早く紹介して、その方法を列島に適用するという形態をとっている。わたしたちは国外で作られたルールに従って試合を行う、プレイヤーとしての地位をなかなか抜け出せないままでいる。いま必要なものは、ルール作りそのものに積極的に関わっていこうとする強い意志である。

本書はこうした問題提起を、閉じられたアカデミズムの世界を超えて、広くこの問題に関心を抱く一般読者の皆様と共有することを目指すものである。それゆえ、本書は決して研究成果を反芻する概説書ではない。新書という限られた紙数と制約のあるスタイルのなかで、どこまでもアカデミックな挑戦を追求する知的冒険の書を目指している。

冒頭でも述べたように、この本で展開する私説のほとんどすべては、現在の学界で認知されるに至っていないものである。そのため本書を読み進むにあたっては、先入観に囚われることなく、純粋に論理だけを追ってほしい。そして、従来の常識や定説と、本書に展開されるわたしの説のどちらがより強い説得力をもっているかを、読者の皆様にみずからの曇りなき眼で判断していただくことを願っている。

本書は『偽書の精神史』『起請文の精神史』に続いて、講談社の山崎比呂志さんとタッグを組んで出す三冊目の本となった。人生も終盤に差し掛かったいま、自分の人生を振り返ってなによりも感謝していることは、多くの人々との幸福な出会いである。山崎さんとも、もし出会うことがなかったならば、執筆者としての現在のわたしはなかった。

山崎さんとの長いお付き合いに甚深の感謝の想いを込めて、本書の結びとしたい。

二〇二一年二月二五日

佐藤弘夫

引用・参考文献

全体に関わるもの

島田裕巳『「日本人の神」入門』講談社現代新書、二〇一六年
末木文美士『日本宗教史』岩波新書、二〇〇六年

序章

佐藤弘夫『ヒトガミ信仰の系譜』岩田書院、二〇一二年
柳美里　佐藤弘夫『春の消息』第三文明社、二〇一七年

第一章

秋元信夫『石にこめた縄文人の祈り　大湯環状列石』新泉社、二〇〇五年
伊藤聡『神道とは何か』中公新書、二〇一二年
井上寛司『「神道」の虚像と実像』講談社現代新書、二〇一一年
大平茂「三輪山麓出土の子持勾玉祭祀とその歴史的背景」椙山林継・山岸良二編『原始・古代日本の祭祀』同成社、二〇〇七年
折口信夫「国文学の発生（第三稿）」『古代研究』三、中央公論新社、二〇〇三（初出一九二九）年
景山春樹『神体山』学生社、一九七一年
片岡耕平『穢れと神国の中世』講談社選書メチエ、二〇一三年
斎藤英喜「玉躰と祟咎――『御体御卜』あるいは天皇の身体儀礼と伝承」『日本文学』三八―一、一九八九年
タイラー、エドワード『原始文化』比屋根安定訳、誠信書房、一九六二年

ダグラス、メアリ『汚穢と禁忌』塚本利明訳、ちくま学芸文庫、二〇〇九年
中沢新一『熊から王へ』講談社選書メチエ、二〇〇二年
西田正規『人類史のなかの定住革命』講談社学術文庫、二〇〇七年
松木武彦『列島創世記』日本の歴史一、小学館、二〇〇七年
松本直子『縄文のムラと社会』岩波書店、二〇〇五年
ミズン、スティーヴン『心の先史時代』松浦俊輔・牧野美佐緒訳、青土社、一九九八年
三橋正「『延喜式』穢規定と穢意識」『延喜式研究』二、一九八九年
柳田國男「先祖の話」『柳田國男全集』一三、ちくま文庫、一九九〇（初出一九四五）年
弓場紀知『古代祭祀とシルクロードの終着地　沖ノ島』新泉社、二〇〇五年
Mark Teeuwen and Fabio Rambelli "Combinatory religion and the *honji suijaku* paradigm in pre-modern Japan" *Buddhas and Kami in Japan*, RoutledgeCurzon, 2003
テーウン、マーク「神祇、神道、そして神道」彌永信美訳『文学』九―二、岩波書店、二〇〇八年

第二章

今尾文昭「律令期陵墓の実像」『律令期陵墓の成立と都城』青木書店、二〇〇八年
梅沢伊勢三『記紀批判』創元社、一九六二年
岡田精司「古代国家における天皇祭祀」『古代祭祀の史的研究』塙書房、一九九二年
北康宏「律令国家陵墓制度の基礎的研究――『延喜諸陵寮式』の分析からみた」『史林』七九―四、一九九六年
黒田智「破裂する大織冠像」『中世肖像の文化史』ぺりかん社、二〇〇七年
佐藤弘夫『起請文の精神史』講談社選書メチエ、二〇〇六年
同　「前方後円墳に宿るもの――祖霊観の系譜からみた」小路田泰直編『死の機能　前方後円墳とは何か』岩田書

院、二〇〇九年
清家章『埋葬からみた古墳時代』吉川弘文館、二〇一八年
薗田香融「古代仏教における山林修行とその意義」『平安仏教の研究』法蔵館、一九八一年
長岡龍作「悔過と仏像」『鹿園雑集』八、二〇〇六年
西宮一民「ヤシロ（社）考――言葉と文字」『上代祭祀と言語』桜楓社、一九九〇年
北條芳隆「『大和』原風景の誕生」小路田泰直編『死の機能　前方後円墳とは何か』岩田書院、二〇〇九年
山本陽子「聖なるものの誕生」『岩波講座日本の思想』八、二〇一四年
吉田一彦『古代仏教をよみなおす』吉川弘文館、二〇〇六年
和田晴吾「前方後円墳とは何か」シリーズ古代史をひらく『前方後円墳』岩波書店、二〇一九年
「史跡遠見塚古墳」『仙台市文化財調査報告書』一五、一九七九年

第三章

網野善彦『異形の王権』平凡社、一九八六年
家永三郎『日本思想史に於ける否定の論理の発達』弘文堂、一九四〇年
伊藤聡『神道とは何か』中公新書、二〇一二年
奥健夫「生身仏像論」『講座日本美術史』四、東京大学出版会、二〇〇五年
上川通夫「中世の即位儀礼と仏教」『日本中世仏教形成史論』校倉書房、二〇〇七年
桜井好朗『神々の変貌』東京大学出版会、一九七六年
佐藤弘夫「中世の天皇と仏教」『神・仏・王権の中世』法蔵館、一九九八年a
同　「日蓮の天皇観」（同）b
同　『アマテラスの変貌』法蔵館、二〇〇〇年（法蔵館文庫二〇二〇年）

同　『鎌倉仏教』ちくま学芸文庫、二〇一四年
高橋美由紀『増補版伊勢神道の成立と展開』ぺりかん社、二〇一〇年
冨島義幸『密教空間史論』法蔵館、二〇〇七年
舩田淳一「中世の春日信仰と死者供養」東北大学大学院文学研究科日本思想史研究室他編『カミと人と死者』岩田書院、二〇一五年
八重樫直比古『古代の仏教と天皇』翰林書房、一九九四年
山本ひろ子「至高者たち――中世神学へ向けて」『日本の神』一、平凡社、一九九五年
山本陽子『絵巻における神と天皇の表現』中央公論美術出版、二〇〇六年

第四章

香川雅信『江戸の妖怪革命』河出書房新社、二〇〇五年
カバット、アダム『江戸滑稽化物尽くし』講談社選書メチエ、二〇〇三年
黒田俊雄「一向一揆の政治理念――『仏法領』について」『日本中世の国家と宗教』岩波書店、一九七五年
黒田日出男「神と人と――『若狭国鎮守神人絵系図』を読む」『王の身体　王の肖像』平凡社、一九九三年
佐藤弘夫「彼岸に誘うカミ――日本の浄土信仰におけるイメージとヴィジョン」『死生学研究』一六、二〇一一年
同　『死者の花嫁』幻戯書房、二〇一五年
末木文美士『日本仏教史――思想史としてのアプローチ』新潮文庫、一九九六年
同　『草木成仏の思想』サンガ、二〇一五年
平雅行「日本の女性と仏教」『親鸞とその時代』法蔵館、二〇〇一年
竹田聴洲「近世社会と仏教」『岩波講座日本歴史』近世一、一九七五年
藤井学「近世初期の政治思想と国家意識」『岩波講座日本歴史』近世二、一九七五年

宮田登『江戸のはやり神』ちくま学芸文庫、一九九三年
ル・ゴッフ、ジャック『煉獄の誕生』渡辺香根夫・内田洋訳、法政大学出版局、一九八八年

第五章

アウエハント、コルネリウス『鯰絵』小松和彦他訳、せりか書房、一九八六年
落合延孝『猫絵の殿様　領主のフォークロア』吉川弘文館、一九九六年
柏原祐泉「『妙好人伝』（初篇）の信仰内容と性格」『印度学仏教学研究』三〇―二、一九八二年
桂島宣弘『幕末民衆思想の研究』文理閣、二〇〇五年
佐藤弘夫『「神国」日本』講談社学術文庫、二〇一八年
同　「ヤスクニの思想と記憶される死者の系譜」『思想』一〇九五、二〇一五年
島薗進『神聖天皇のゆくえ』筑摩書房、二〇一九年
末永恵子『烏伝神道の基礎的研究』岩田書院、二〇〇一年
曽根原理『神君家康の誕生』吉川弘文館、二〇〇八年
高野信治『武士神格化の研究』研究篇・資料篇、吉川弘文館、二〇一八年
内藤正敏『日本のミイラ信仰』法蔵館、一九九九年
新田均『「現人神」「国家神道」という幻想』神社新報社、二〇一四年
深谷克己『江戸時代の身分願望』吉川弘文館、二〇〇六年
藤田覚『江戸時代の天皇』講談社、二〇一一年
ブリーン、ジョン『儀礼と権力　天皇の明治維新』平凡社、二〇一一年
前田勉『近世神道と国学』ぺりかん社、二〇〇二年
水林彪『天皇制史論』岩波書店、二〇〇六年

村上重良「幕末維新期の民衆宗教について」日本思想大系六七『民衆宗教の思想』岩波書店、一九七一年
本村昌文『いまを生きる江戸思想』ぺりかん社、二〇一六年
安丸良夫「日本の近代化と民衆思想」『日本の近代化と民衆思想』青木書店、一九七四（初出一九六五）年

終章

奥野修司『看取り先生の遺言』文藝春秋、二〇一三年
清水克行『日本神判史』中公新書、二〇一〇年
白川琢磨『顕密のハビトゥス』木星舎、二〇一八年
谷山洋三『医療者と宗教者のためのスピリチュアルケア　臨床宗教師の視点から』中外医学社、二〇一六年

【市町村史・調査報告書・図録】

「茂ヶ崎横穴墓群」『仙台市文化財調査報告書』一三〇、一九八九年
「考古資料」『仙台市史』特別編二、一九九五年
「陸奥国と仙台平野」『仙台市史』通史編二、二〇〇〇年
「大年寺山横穴墓群」『仙台市文化財調査報告書』三一一、二〇〇七年
図録『国宝　土偶展』二〇〇九年

図版出典

ハート形土偶『文化庁海外展大英博物館帰国記念　国宝 土偶展』二〇〇九年
役行者像『特別展　神仏習合』奈良国立博物館、二〇〇七年
男神坐像（三重・伊奈冨神社）『特別展 神仏習合』奈良国立博物館、二〇〇七年
春日宮曼荼羅（奈良・南市町自治会）『特別展 神仏習合』奈良国立博物館、二〇〇七年
絵師草子　国立国会図書館デジタルコレクション
融通念仏縁起（シカゴ美術館）続日本の絵巻21『融通念仏縁起』中央公論社、一九九二年
百鬼夜行絵巻（兵庫県立歴史博物館）『百鬼夜行と魑魅魍魎』洋泉社 Mook、二〇一二年
鯰絵　国際日本文化研究センター鯰絵コレクション

これ以外は、佐藤弘夫の撮影による。

N.D.C. 210　266p　18cm
ISBN978-4-06-523404-4

講談社現代新書　2616
日《に》本《ほん》人《じん》と神《かみ》
二〇二一年四月二〇日第一刷発行

著　者　佐《さ》藤《とう》弘《ひろ》夫《お》

発行者　鈴木章一
発行所　株式会社講談社
東京都文京区音羽二丁目一二—二一　郵便番号一一二—八〇〇一
電　話　〇三—五三九五—三五二一　編集（現代新書）
〇三—五三九五—四四一五　販売
〇三—五三九五—三六一五　業務
装幀者　中島英樹
印刷所　凸版印刷株式会社
製本所　株式会社国宝社
定価はカバーに表示してあります　Printed in Japan

「講談社現代新書」の刊行にあたって

教養は万人が身をもって養い創造すべきものであって、一部の専門家の占有物として、ただ一方的に人々の手もとに配布され伝達されうるものではありません。

しかし、不幸にしてわが国の現状では、教養の重要な養いとなるべき書物は、ほとんど講壇からの天下りや単なる解説に終始し、知識技術を真剣に希求する青少年・学生・一般民衆の根本的な疑問や興味は、けっして十分に答えられ、解きほぐされ、手引きされることがありません。万人の内奥から発した真正の教養への芽ばえが、こうして放置され、むなしく滅びさる運命にゆだねられているのです。

このことは、中・高校だけで教育をおわる人々の成長をはばんでいるだけでなく、大学に進んだり、インテリと目されたりする人々の精神力の健康さえもむしばみ、わが国の文化の実質をまことに脆弱なものにしています。単なる博識以上の根強い思索力・判断力、および確かな技術にささえられた教養を必要とする日本の将来にとって、これは真剣に憂慮されなければならない事態であるといわなければなりません。

わたしたちの「講談社現代新書」は、この事態の克服を意図して計画されたものです。これによってわたしたちは、講壇からの天下りでもなく、単なる解説書でもない、もっぱら万人の魂に生ずる初発的かつ根本的な問題をとらえ、掘り起こし、手引きし、しかも最新の知識への展望を万人に確立させる書物を、新しく世の中に送り出したいと念願しています。

わたしたちは、創業以来民衆を対象とする啓蒙の仕事に専心してきた講談社にとって、これこそもっともふさわしい課題であり、伝統ある出版社としての義務でもあると考えているのです。

一九六四年四月　野間省一

日本史Ⅰ

1258 身分差別社会の真実——斎藤洋一 大石慎三郎
1265 七三一部隊——常石敬一
1292 日光東照宮の謎——高藤晴俊
1322 藤原氏千年——朧谷寿
1379 白村江——遠山美都男
1394 参勤交代——山本博文
1414 謎とき日本近現代史 野島博之
1599 戦争の日本近現代史 加藤陽子
1648 天皇と日本の起源 遠山美都男
1680 鉄道ひとつばなし——原武史
1702 日本史の考え方——石川晶康
1707 参謀本部と陸軍大学校 黒野耐

1797 「特攻」と日本人——保阪正康
1885 鉄道ひとつばなし2——原武史
1900 日中戦争——小林英夫
1918 日本人はなぜキツネにだまされなくなったのか 内山節
1924 東京裁判——日暮吉延
1931 幕臣たちの明治維新 安藤優一郎
1971 歴史と外交——東郷和彦
1982 皇軍兵士の日常生活 一ノ瀬俊也
2031 明治維新 1858-1881 坂野潤治 大野健一
2040 中世を道から読む——齋藤慎一
2089 占いと中世人——菅原正子
2095 鉄道ひとつばなし3——原武史
2098 戦前昭和の社会 1926-1945——井上寿一

2106 戦国誕生——渡邊大門
2109 「神道」の虚像と実像 井上寛司
2152 鉄道と国家——小牟田哲彦
2154 邪馬台国をとらえなおす——大塚初重
2190 戦前日本の安全保障——川田稔
2192 江戸の小判ゲーム——山室恭子
2196 藤原道長の日常生活 倉本一宏
2202 西郷隆盛と明治維新 坂野潤治
2248 城を攻める 城を守る——伊東潤
2272 昭和陸軍全史1——川田稔
2278 織田信長〈天下人〉の実像 金子拓
2284 ヌードと愛国——池川玲子
2299 日本海軍と政治——手嶋泰伸

Ⓖ

日本史Ⅱ

宗教

心理・精神医学

331 異常の構造——木村敏
590 家族関係を考える——河合隼雄
725 リーダーシップの心理学——国分康孝
824 森田療法——岩井寛
1011 自己変革の心理学——伊藤順康
1020 アイデンティティの心理学 鑪幹八郎
1044 〈自己発見〉の心理学 国分康孝
1241 心のメッセージを聴く 池見陽
1289 軽症うつ病——笠原嘉
1348 自殺の心理学——高橋祥友
1372 〈むなしさ〉の心理学 諸富祥彦
1376 子どものトラウマ——西澤哲

1465 トランスパーソナル心理学入門——諸富祥彦
1787 人生に意味はあるか 諸富祥彦
1827 他人を見下す若者たち 速水敏彦
1922 発達障害の子どもたち——杉山登志郎
1962 親子という病——香山リカ
1984 いじめの構造——内藤朝雄
2008 関係する女 所有する男——斎藤環
2030 がんを生きる——佐々木常雄
2044 母親はなぜ生きづらいか——香山リカ
2062 人間関係のレッスン 向後善之
2076 子ども虐待——西澤哲
2085 言葉と脳と心——山鳥重
2105 はじめての認知療法——大野裕

2116 発達障害のいま——杉山登志郎
2119 動きが心をつくる——春木豊
2143 アサーション入門——平木典子
2180 パーソナリティ障害とは何か——牛島定信
2231 精神医療ダークサイド 佐藤光展
2344 ヒトの本性——川合伸幸
2347 信頼学の教室——中谷内一也
2349 「脳疲労」社会——徳永雄一郎
2385 はじめての森田療法 北西憲二
2415 新版 うつ病をなおす 野村総一郎
2444 怒りを鎮める うまく謝る 川合伸幸

L